IWAN HEDIGER
YVES SEEHOLZER

IWAN HEDIGER
YVES SEEHOLZER

PERTH · CERVANTES · GERALDTON · BROOME · DARWIN

Zwei Pfannen on the road

DIE EINFACHSTE CAMPING-VEGGIE-KÜCHE DER WELT

Unsere Reiseroute

…führte uns von Perth aus erst einmal in den Südwesten. Danach ging es der Küste entlang nach Norden bis nach Darwin. Und dazwischen? Coole Second-Hand-Shops in Geraldton, der Kalbarri Nationalpark …

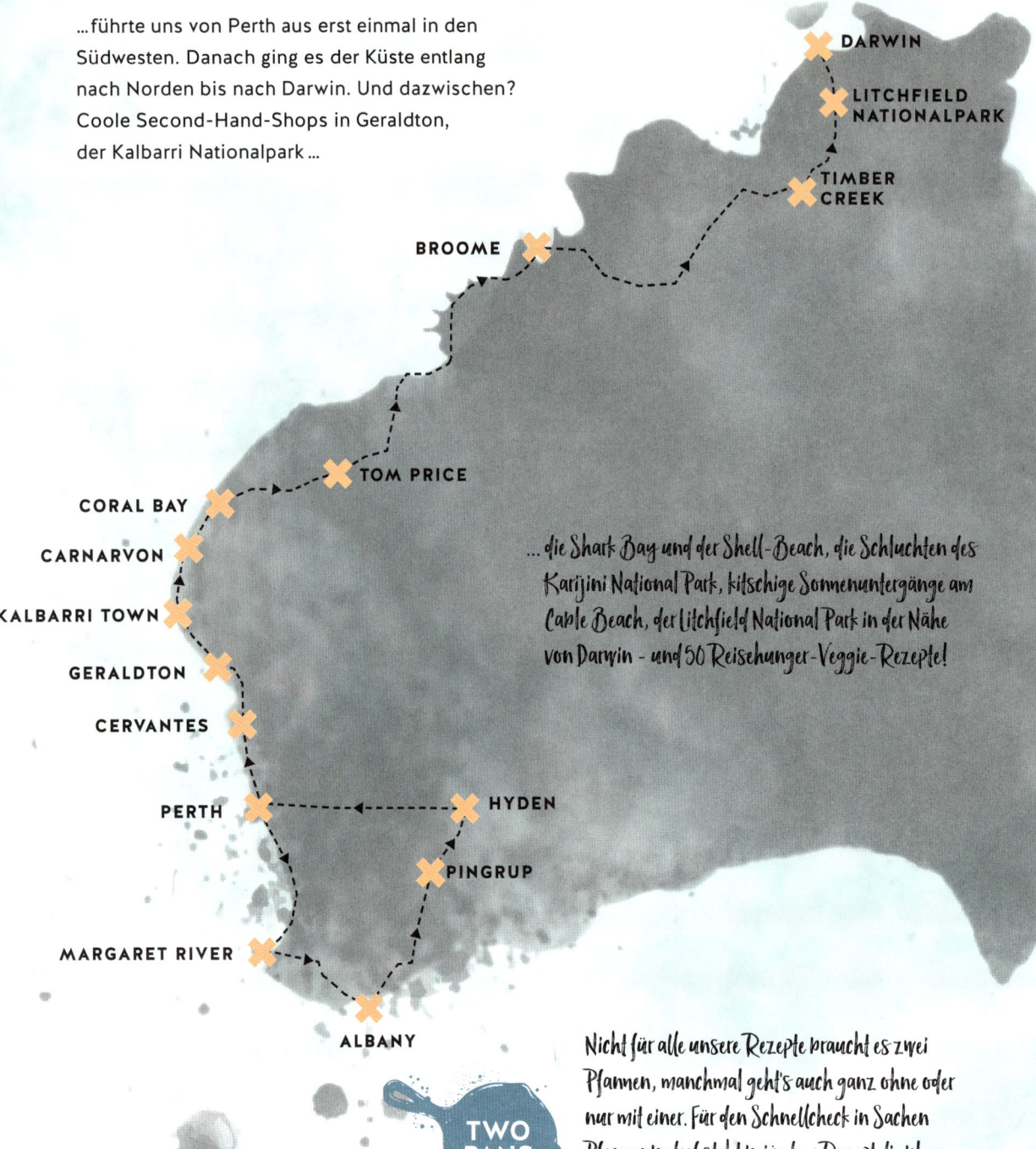

DARWIN

LITCHFIELD NATIONALPARK

TIMBER CREEK

BROOME

TOM PRICE

CORAL BAY

CARNARVON

KALBARRI TOWN

GERALDTON

CERVANTES

PERTH

HYDEN

PINGRUP

MARGARET RIVER

ALBANY

… die Shark Bay und der Shell-Beach, die Schluchten des Karijini National Park, kitschige Sonnenuntergänge am Cable Beach, der Litchfield National Park in der Nähe von Darwin – und 50 Reisehunger-Veggie-Rezepte!

TWO PANS

Nicht für alle unsere Rezepte braucht es zwei Pfannen, manchmal geht's auch ganz ohne oder nur mit einer. Für den Schnellcheck in Sachen Pfannenbedarf steht bei jedem Rezept die blaue Pfanne mit dem entsprechenden Hinweis.

4

Gekocht in der Nähe von Timber Creek

Gekocht irgendwo auf dem Weg von Broome nach Darwin

Gekocht irgendwo im Nordosten

Gekocht im Litchfield Nationalpark

Gekocht in Darwin

DIE GU-QUALITÄTS-GARANTIE

Wir möchten Ihnen mit den Informationen und Anregungen in diesem Buch das Leben erleichtern und Sie inspirieren, Neues auszuprobieren. Bei jedem unserer Bücher achten wir auf Aktualität und stellen höchste Ansprüche an Inhalt, Optik und Ausstattung. Alle Rezepte und Informationen werden von unseren Autoren gewissenhaft erstellt und von unseren Redakteuren sorgfältig ausgewählt und mehrfach geprüft. Deshalb bieten wir Ihnen eine 100 %ige Qualitätsgarantie.

Darauf können Sie sich verlassen:
Wir legen Wert darauf, dass unsere Kochbücher zuverlässig und inspirierend zugleich sind. Wir garantieren:
- dreifach getestete Rezepte
- sicheres Gelingen durch Schritt-für-Schritt-Anleitungen und viele nützliche Tipps
- eine authentische Rezept-Fotografie

Wir möchten für Sie immer besser werden:
Sollten wir mit diesem Buch Ihre Erwartungen nicht erfüllen, lassen Sie es uns bitte wissen! Wir tauschen Ihr Buch jederzeit gegen ein gleichwertiges zum gleichen oder ähnlichen Thema um. Nehmen Sie einfach Kontakt zu unserem Leserservice auf. Die Kontaktdaten unseres Leserservice finden Sie am Ende dieses Buches.

GRÄFE UND UNZER VERLAG
Der erste Ratgeberverlag – seit 1722.

Sieben Wochen, zwei Pfannen, ein Ziel!

Nach Thailand, Bali und Neuseeland war jetzt also die Westküste Australiens dran. Mit dem Campingbus in sieben Wochen von Perth nach Darwin tuckern, so der Plan von uns, zwei Reisefreaks aus der Schweiz. Wir starteten von Zürich Richtung down under und begannen vom quirligen Perth aus unser Abenteuer. Je mehr Kilometer wir zurücklegten und in die australische Weite vorstießen, desto weniger wurden die Szene-Cafés und In-Restaurants, wie wir sie in Perth kennen und lieben gelernt hatten. Hunger hatten wir natürlich trotzdem – und zum Glück eine kleine Küche im Camper.

Es gab keine Waage, aber eine große Tasse zum Abmessen der Zutaten. Wir hatten keine Zitruspresse, sondern haben Limetten- und Orangenhälften mit der Hand ausgequetscht. Wir hatten keinen Pürierstab, keinen Backofen und schon gar keine Küchenmaschine. Aber Fantasie, Mut zur Lücke und jede Menge Unternehmungslust. Zwei Pfannen und das richtige Rezept – mehr brauchten wir nicht, um uns in Australien vegetarisch glücklich zu kochen.

Unsere Rezepte sind international, nicht nur typisch für Australien. Aber sie haben viel australische Lebensart und Leichtigkeit in sich. Und obwohl wir ab und an beliebte Aussie-Zutaten wie Macadamianüsse oder Kaffirlimettenblätter verwenden: Alles lässt sich auch bei uns problemlos nachkochen. Nutz unser Road-Kochbuch als Inspiration! Änderungen oder Mischungen sind bei unseren Rezepten nicht nur erlaubt, sondern sehr erwünscht. Viel Spaß beim Reisen und Kochen und Kreativsein wünschen

Unser Camping-Hack

»Unser Van hätte größer sein dürfen. Neben Lebensmitteln,
kleinem Tisch und Skateboards fanden wir kaum selbst darin
Platz. Die Yogamatten legten wir flach unter die Matratzen.
So waren sie verstaut, und die Betten gleich ein bisschen
bequemer. Achte auf eine funktionierende Klimaanlage!
Bei tropischen Temperaturen im Outback kochten wir
manchmal schon, noch bevor die Herdplatten glühten.«

ONE PAN

Rote-Bete-Salat mit Quinoa und Quark

Für den Quinoasalat:

⅓ Tasse Quinoa (ca. 100 g), Salz, 1 frische Knolle Rote Bete,
1 Möhre, 1 großer süßer Apfel, 1 kleine Zwiebel, 1 Handvoll Minzeblättchen,
1 Handvoll Korianderblättchen mit zarten Stielen, 6 EL trüber Apfelessig, 1 EL Limettensaft,
2 EL flüssiger Honig, Pfeffer, 10 EL Olivenöl, 1 EL Kürbiskerne (nach Belieben)

Für die Quarksauce:

150 g Magerquark, 2 Knoblauchzehen, ½ EL gemahlener Koriander, Salz, Pfeffer

Für 2 Personen | 30 Min. Zubereitung

AM STRAND VON PERTH WAREN WIR ZWEI DIE EYECATCHER: AUCH HIER SIEHT MAN NICHT ALLE TAGE IN TANKSHIRT UND BADEHOSE GEKLEIDETE TYPEN MIT LICHTREFLEKTOREN, PFANNEN UND GEWÜRZEN UM SICH HERUM, DIE EIFRIG VERSUCHEN, EINEN SALAT IN PINK UND ORANGE ZU FOTOGRAFIEREN.

Für den Rote-Bete-Salat die Quinoa in einem Sieb waschen, dann in **PFANNE 1** (oder einem Topf) in reichlich kochendem Salzwasser in ca. 20 Min. weich kochen lassen. Die Quinoa in ein Sieb abgießen und in einer Schüssel abkühlen lassen.

Inzwischen die Rote-Bete-Knolle und die Möhre schälen. Den Apfel waschen und nach Belieben schälen. Halbieren und das Kerngehäuse entfernen. Die Zwiebel schälen.

Rote Bete, Möhre, Apfel und Zwiebel in Streifen schneiden und zur Quinoa geben.

Die Kräuter in einem Sieb abbrausen, trocken tupfen und hacken. Kräuter bis auf einen kleinen Rest unter die Quinoa mischen.

Für ein Dressing den Essig mit Limettensaft, Honig, Salz und Pfeffer verrühren, das Olivenöl unterrühren. Den Salat mit dem Dressing vermischen und 10–15 Min. ruhen lassen, zwischendurch gut umrühren.

Inzwischen für die Quarksauce den Quark in eine Schüssel geben. Knoblauch schälen und dazupressen. Restliche Kräuter und gemahlenen Koriander unterrühren. Quark mit Salz und Pfeffer abschmecken. Den Salat nach Belieben mit den Kürbiskernen garnieren und mit der Quarksauce servieren.

Bohnen-Kichererbsen-Eintopf mit Mais

⅓ Tasse schwarze Bohnen (ca. 60 g), ⅓ Tasse Kichererbsen (ca. 80 g),
1 Zweig Rosmarin, 4 Stängel Majoran, 1 Möhre, 1 rote Zwiebel,
2 EL Kokosöl (ersatzweise anderes Pflanzenöl), 4 EL Tomatenmark,
150 ml Rotwein, 500 ml Gemüsebrühe (Instant),
2 Lorbeerblätter, 100 g Maiskörner (aus der Dose),
Salz, Pfeffer, 2 EL saure Sahne (nach Belieben)

ONE
PAN

Für 2 Personen | 1 Std. Zubereitung | 4 Std. Einweichen

DEN BOHNEN-KICHERERBSEN-EINTOPF KOCHTEN WIR AN EINER EINSAM GELEGE-NEN FEUERSTELLE, MITTEN IN EINEM RIE-SIGEN WALD – UND FÜHLTEN UNS BEIM ESSEN AM HOLZTISCH WIE IM MÄRCHEN!

Die Bohnen und die Kichererbsen mindestens 4 Std. in reichlich Wasser einweichen (am besten über Nacht). Hülsenfrüchte in ein Sieb abgießen und abtropfen lassen.

Rosmarin und Majoran abbrausen und trocken schütteln. Die Nadeln bzw. Blättchen abstreifen bzw. abzupfen und hacken. Die Möhre und die Zwiebel schälen und würfeln.

Das Kokosöl in **PFANNE 1** (oder einem Topf) erhitzen. Die Möhren- und Zwiebelwürfel darin 2–4 Min. andünsten. Kichererbsen, Bohnen und Tomatenmark dazugeben und kurz bei großer Hitze anrösten.

Den Rotwein dazugießen und zu zwei Dritteln auf ca. 50 ml einkochen lassen.

Dann die Gemüsebrühe mit Rosmarin, Majoran und Lorbeerblättern dazugeben und aufkochen. Alles ca. 45 Min. bei kleiner Hitze mit halb aufgelegtem Deckel köcheln lassen, bis die Bohnen und Kichererbsen weich sind.

Zum Schluss den Mais abtropfen lassen, zum Eintopf geben und miterhitzen. Bei Bedarf noch etwas Wasser unterrühren.

Den Eintopf mit Salz und Pfeffer abschmecken. Nach Belieben noch etwas saure Sahne darüberklecksen und servieren.

TWO
PANS

Gelbes
Linsen-Gemüse-Curry

1 Tasse Wildreis (ca. 240 g), 1 Zimtstange, 1 Möhre, ½ rote Paprikaschote,
1 Handvoll grüne Bohnen (ca. 80 g), 1 Zwiebel, 2 Knoblauchzehen,
1 Handvoll Korianderblättchen mit zarten Stielen,
1 EL Kokosöl (ersatzweise anderes Pflanzenöl), 2 EL gelbe Currypaste,
1 Dose Kokosmilch (400 g), ⅓ Tasse rote Linsen (ca. 100 g), Chiliflocken, Salz, Pfeffer

Für 2 Personen | 40 Min. Zubereitung

Den Wildreis mit der Zimtstange und 2 Tassen Wasser (ca. 600 ml) in **PFANNE 1** (oder einem Topf) in 25–30 Min. zugedeckt gar kochen lassen, bis das Wasser vollkommen aufgesogen ist. Dann den fertigen Wildreis, falls nötig, noch kurz warm halten.

Inzwischen die Möhre schälen und in dünne Streifen schneiden. Die Paprikahälfte putzen, entkernen, waschen und würfeln. Die Bohnen waschen, putzen und halbieren.

Die Zwiebel schälen und grob würfeln. Knoblauch schälen und in Scheiben schneiden. Das Koriandergrün in einem Sieb abbrausen, trocken tupfen und grob hacken.

Das Kokosöl in **PFANNE 2** (oder einem Wok) erhitzen. Die Zwiebelwürfel und den Knoblauch darin bei kleiner Hitze glasig andünsten. Die Currypaste hinzufügen und kurz bei größerer Hitze mitrösten.

Die Kokosmilch dazugießen und aufkochen. Die Linsen dazugeben und alles 10–15 Min. köcheln lassen. Möhre, Paprika und Bohnen dazugeben und alles weitere 5–7 Min. köcheln lassen. (Das Gemüse sollte knackig bleiben.) Falls das Curry zu dickflüssig ist, etwas Wasser dazugeben.

Zum Schluss das Koriandergrün dazugeben. Das Curry abschmecken und, falls nötig, mit Chiliflocken, Salz und Pfeffer nachwürzen. Das Curry mit dem Wildreis servieren.

Unser Camping-Hack

»Natürlich gab's keine Waage in unserem Van. Wir haben stattdessen eine große Tasse mit 300 ml Inhalt genommen und damit alles abgemessen. Locker eingefüllt passten in diese Tasse 300 g Quinoa oder 300 g rote Linsen oder 240 g Reis oder 240 g Buchweizen.«

Kürbissuppe mit Buchweizen und Rosmarin

ONE PAN

1 kleine Zwiebel, 2 Knoblauchzehen, 4 Frühlingszwiebeln,
400 g Kürbis (z. B. Muskat), 1 kleine Möhre, 1 Zweig Rosmarin,
1 EL Kokosöl (ersatzweise anderes Pflanzenöl), ½ Tasse Buchweizen (ca. 120 g),
150 ml Weißwein, 600 ml Gemüsebrühe (Instant), 3 EL Currypulver, Salz,
Pfeffer, 30 g ital. Hartkäse (nach Belieben)

Für 2 Personen | 30 Min. Zubereitung

Zwiebel und Knoblauch schälen und in feine Würfel schneiden. Die Frühlingszwiebeln putzen und waschen. Die weißen Teile längs halbieren und quer in Streifen schneiden, die grünen separat in Röllchen schneiden.

Das Kürbisstück schälen, entkernen und in ca. 1 cm große Würfel schneiden. Die Möhre schälen und ebenfalls würfeln. Rosmarin abbrausen und trocken schütteln. Die Nadeln abstreifen und fein hacken.

Das Kokosöl in **PFANNE 1** (oder einem Topf) erhitzen. Zwiebelwürfel, Knoblauch und den weißen Teil der Frühlingszwiebeln darin bei kleiner Hitze glasig andünsten. Die Kürbis- und Möhrenwürfel mit dem Buchweizen dazugeben und kurz mitdünsten.

Den Weißwein dazugießen und einkochen lassen. Dann die Gemüsebrühe angießen und aufkochen. Alles mit Currypulver und Rosmarin würzen und ca. 15–20 Min. bei mittlerer Hitze leicht köcheln lassen, bis Kürbis, Möhren und Buchweizen weich sind.

Die Suppe mit Salz und Pfeffer abschmecken und mit den grünen Frühlingszwiebeln bestreuen. Die Suppe heiß servieren, nach Belieben noch Hartkäse darüberhobeln.

TWO PANS

Gebratene Hirse mit Rote-Bete-Dip

Für die Hirse:

¾ Tasse Hirse (ca. 180 g), Salz, 1 kleine Zwiebel, 1 Knoblauchzehe, ½ Handvoll Minzeblättchen,
2 EL Kokosöl (ersatzweise anderes Pflanzenöl), 2 Prisen gemahlener Koriander

Für den Rote-Bete-Dip:

1 Mini-Gurke, ½ frische Knolle Rote Bete, 2 Knoblauchzehen,
½ rote Paprikaschote, ½ Handvoll Basilikumblättchen mit zarten Stielen,
300 g griechischer Joghurt, Salz, Pfeffer

Außerdem:

1 Handvoll Datteltomaten

Für 2 Personen | 40 Min. Zubereitung

Die Hirse nach Packungsanweisung in **PFANNE 1** (oder einem Topf) in Salzwasser kochen lassen, dann in ein Sieb abgießen und evtl. noch kurz beiseitestellen.

Inzwischen für den Dip die Gurke schälen oder gründlich waschen, klein würfeln und in eine Schüssel geben. Die Rote Bete schälen und mit einer Röstiraffel oder einer Reibe grob dazuraffeln. Den Knoblauch schälen und mit der Knoblauchpresse dazupressen.

Die Paprikahälfte putzen, entkernen, waschen und klein würfeln. Die Paprikawürfel zur Roten Bete geben. Die Basilikumblättchen in einem Sieb abbrausen, trocken tupfen und grob hacken. Die gehackten Blättchen ebenfalls in die Schüssel geben.

Den Joghurt unterrühren und mit den vorbereiteten Dip-Zutaten gut vermischen. Den Rote-Bete-Dip mit Salz und Pfeffer würzen.

Für die gebratene Hirse Zwiebel und Knoblauch schälen und in feine Würfel schneiden. Die Minzeblättchen in einem Sieb abbrausen, trocken tupfen und grob hacken.

Das Kokosöl in **PFANNE 2** erhitzen. Zwiebelwürfel und Knoblauch darin bei mittlerer Hitze kurz anbraten. Die Hirse hinzufügen, in der Pfanne schwenken und kurz mitbraten.

Dann die Minzeblättchen mit dem gemahlenen Koriander untermischen. Die gebratene Hirse mit dem Rote-Bete-Dip anrichten. Die Datteltomaten waschen und dazu servieren.

Gebratener Tofu mit Bratkartoffeln und Gemüse

4 festkochende Kartoffeln, 200 g Tofu, 1 Möhre,
1 kleine Zwiebel, 2 Frühlingszwiebeln, 2 Knoblauchzehen,
1 Handvoll Petersilienblättchen mit zarten Stielen,
1 EL Kokosöl (ersatzweise anderes Pflanzenöl),
Salz, Pfeffer, 1 TL Paprikapulver

Für 2 Personen | 30 Min. Zubereitung

ONE PAN

Die Kartoffeln schälen und in ca. 1 cm große Würfel schneiden. Tofu ebenfalls 1 cm groß würfeln. Die Möhre schälen, längs halbieren und in feine Scheiben schneiden.

Die Zwiebel schälen und in feine Streifen schneiden. Die Frühlingszwiebeln putzen, waschen und ebenfalls fein schneiden. Knoblauch schälen und in dünne Scheiben schneiden. Die Petersilie in einem Sieb abbrausen, trocken tupfen und fein hacken.

Das Kokosöl in **PFANNE 1** (oder einem Wok) erhitzen. Die Kartoffelwürfel darin bei mittlerer bis großer Hitze unter Wenden braten, bis sie rundum leicht gebräunt sind.

Dann die Hitze reduzieren. Die Tofuwürfel mit den Möhren und Zwiebelstreifen dazugeben. Alles noch 5–10 Min. weiterbraten, bis die Kartoffeln außen knusprig und innen gar sind. Vorsicht, dass sie nicht anbrennen!

Zum Schluss die Frühlingszwiebeln und den Knoblauch dazugeben und weitere 2 Min. unter Wenden mitbraten. Die Petersilie dazugeben. Alles mit Salz, Pfeffer und Paprikapulver abschmecken und sofort servieren.

Unser Camping-Hack

»Da unser Kühlschrank oft überquoll, deponierten wir frisches Gemüse einfach am zweitkühlsten Platz des Vans – das war die Mikrowelle, die wir nicht brauchten. Nach einem Einkauf war sie oft randvoll mit Möhren, Frühlingszwiebeln, Tomaten und Gurken. Einziger Nachteil unseres Ordnungsprinzips: Jedes Mal, wenn wir ein neues Gemüse dort unterbringen wollten, kam uns ein anderes beim Türöffnen entgegengeflogen.«

Süßkartoffelpüree mit gebratenem Spargel

400 g Süßkartoffeln, 1 kleine rote Zwiebel, 10 grüne Spargelstangen,
10 Kirschtomaten, 10 schwarze Oliven (entsteint),
½ Handvoll Dillspitzen, 3 EL Kokosöl (ersatzweise anderes Pflanzenöl),
Salz, Pfeffer, 2 Knoblauchzehen,
150 g saure Sahne, 1 kleine Handvoll Cashewkerne

TWO PANS

Für 2 Personen | 45 Min. Zubereitung

Die Süßkartoffeln schälen und in grobe Würfel schneiden. Süßkartoffeln zugedeckt in **PFANNE 1** (oder einem Topf) in wenig Wasser in 15–20 Min. weich garen.

Inzwischen die Zwiebel schälen und in feine Würfel schneiden. Die Spargelstangen waschen, trocken tupfen und im unteren Drittel schälen. Holzige Enden großzügig wegschneiden. Die Spargelstangen schräg in ca. 3 cm lange Stücke schneiden.

Die Kirschtomaten waschen und halbieren. Die Oliven ebenfalls halbieren. Die Dillspitzen in einem Sieb abbrausen, trocken tupfen und etwas kleiner zupfen.

2 EL Kokosöl in **PFANNE 2** erhitzen. Die Zwiebelwürfel darin bei kleiner bis mittlerer Hitze in 3–4 Min. glasig andünsten.

Die Spargelstücke hinzufügen und 5–7 Min. mitdünsten, dabei leicht Farbe annehmen lassen. Die Oliven, die Kirschtomaten und die Dillspitzen dazugeben und kurz miterhitzen. Alles mit Salz und Pfeffer abschmecken.

Die gegarten Süßkartoffeln abgießen und mit einer Gabel zerdrücken. Den übrigen EL Kokosöl untermischen und das Püree mit Salz und Pfeffer abschmecken.

Für eine Knoblauchcreme den Knoblauch schälen, mit einer Knoblauchpresse zur sauren Sahne pressen und untermischen. Die Creme mit Salz und Pfeffer würzen und mit dem Süßkartoffelpüree und dem gebratenen Spargel anrichten. Die Cashewkerne grob hacken und darüberstreuen.

Kürbispuffer mit Cashewkernen

500 g Kürbis (z. B. Muskat),
1 kleine Zwiebel, 2 kleine Knoblauchzehen,
2 Zweige Thymian, 1 kleine Handvoll Cashewkerne,
1 Ei (M), ca. 7 EL Dinkelvollkornmehl, Salz, Pfeffer
Außerdem:
Kokosöl (ersatzweise anderes Pflanzenöl) zum Braten

TWO PANS

Für 2 Personen | 45 Min. Zubereitung

Das Kürbisstück schälen, entkernen, in grobe Würfel schneiden und in **PFANNE 1** (oder einem Topf) mit wenig Wasser bedeckt in ca. 20 Min. bei mittlerer Hitze weich kochen lassen. Kürbis abgießen, mit einer Gabel grob zerdrücken und etwas abkühlen lassen.

Inzwischen Zwiebel und Knoblauch schälen und fein würfeln. Thymian abbrausen und trocken schütteln. Die Blättchen abstreifen und hacken. Die Cashewkerne fein hacken.

Das Ei unter die Kürbismasse rühren. Die Zwiebelwürfel und den Knoblauch zur Masse geben und alles gut vermischen.

6 EL Mehl, den Thymian sowie Salz und Pfeffer zur Kürbismasse geben und gut untermengen. Wenn die Masse zu flüssig ist, noch etwas Mehl untermischen. Zum Schluss die gehackten Cashewkerne untermischen.

Reichlich Kokosöl zum Braten in **PFANNE 2** erhitzen. Für jeden Kürbispuffer jeweils 1 gehäuften EL Kürbismasse hineingeben und jeweils bei mittlerer Hitze in 4–5 Min. von beiden Seiten goldbraun braten. Die Kürbispuffer heiß aus der Pfanne servieren, z. B. mit einem bunten Blattsalat.

Unser Camping-Hack

»2 Handvoll Blattsalate und ein paar Kräuterblättchen mit halbierten Kirschtomaten, Champignonscheibchen und Maiskörnern aus der Dose mischen, ein Dressing aus 1 EL Quark, 1–2 TL Honig, 2–3 EL Aceto balsamico bianco, 2–3 EL Olivenöl, Salz und Pfeffer zusammenrühren und untermischen – fertig ist ein schneller Salat, der zu allem passt!«

Asiatischer Mango-Sellerie-Salat

2 Stangen Staudensellerie, ½ rote Paprikaschote, 1 Mango,
1 kleine rote Zwiebel, 1 kleines Stück rote Chilischote,
2 kleine Handvoll gesalzene Erdnusskerne,
1 Handvoll Korianderblättchen mit zarten Stielen, 1 Limette,
4 EL Sojasauce, 3 EL Sesamöl, ½ EL Honig, Salz, Pfeffer

Außerdem:
1 EL Sesamsamen (nach Belieben),
½ Handvoll Mungobohnensprossen (nach Belieben)

NO PAN

Für 2 Personen | 30 Min. Zubereitung

AUF EINER MOTORRADREISE DURCH VIETNAM HATTEN WIR DIESEN ERFRISCHENDEN SALAT ZUM ERSTEN MAL ZUBEREITET. AUCH DOWN UNDER SCHMECKTE ER UNS WUNDERBAR – EIN TOP-REZEPT FÜR HEISSE TAGE!

Die Selleriestangen mit dem Sparschäler schälen und waschen. Die Paprikahälfte putzen, entkernen und waschen. Sellerie und Paprika in feine Streifen schneiden

Die Mango schälen. Das Fruchtfleisch vom Stein schneiden und in feine Streifen schneiden. Die Zwiebel schälen und ebenfalls in feine Streifen schneiden. Chili putzen, entkernen, waschen und fein schneiden.

Die Erdnüsse grob hacken. Das Koriandergrün in einem Sieb abbrausen, trocken tupfen und mit den zarten Stielen grob hacken.

Die Sellerie-, Paprika- und Mangostreifen mit Zwiebelstreifen und Chili in eine Schüssel geben. Die Limette halbieren und mit der Hand über der Schüssel auspressen. Sojasauce, Sesamöl, Honig und zwei Drittel der Erdnüsse dazugeben und alles gut vermischen. Den Salat mit Salz und Pfeffer würzen.

Das Koriandergrün untermischen und den Mango-Sellerie-Salat ca. 10 Min. ziehen lassen. Dann mit den restlichen Erdnüssen und nach Belieben auch noch mit Sesamsamen und Sprossen bestreuen und servieren.

Buchweizen-Sellerie-Salat mit Minze

ONE PAN

¾ Tasse Buchweizen (ca. 180 g), Salz, 1 kleine rote Zwiebel,
2 Stangen Staudensellerie, 1 süßer Apfel, ½ rote Chilischote,
½ Handvoll Minzeblättchen, ½ TL gemahlener Zimt, 1 TL Kurkumapulver,
9 EL trüber Apfelessig, 7 EL Olivenöl, Salz, Pfeffer,
200 g griechischer Joghurt, 1 EL Honig

Für 2 Personen | 30 Min. Zubereitung | 15 Min. Ruhen

Den Buchweizen in **PFANNE 1** (oder einem Topf) in reichlich Salzwasser in 15–20 Min. weich kochen lassen, anschließend in ein Sieb abgießen und abkühlen lassen.

Inzwischen die Zwiebel halbieren und in dünne Streifen schneiden. Die Selleriestangen mit dem Sparschäler schälen, waschen und in möglichst kleine Würfel schneiden.

Den Apfel waschen und nach Belieben schälen. Halbieren und das Kerngehäuse entfernen. Den Apfel klein würfeln.

Chili putzen, entkernen, waschen und fein schneiden. Die Minzeblättchen in einem Sieb abbrausen, trocken tupfen und fein hacken.

Den Buchweizen in eine Schüssel geben. Die Zwiebelstreifen sowie die Sellerie- und Apfelwürfel mit Chili und Minzeblättchen dazugeben und alles gut vermischen.

Zimt und Kurkuma mit Essig und Öl zum Salat geben und gut untermischen. Den Salat mit Salz und Pfeffer würzen, ca. 15 Min. ziehen lassen, dann nochmals abschmecken.

Den Joghurt mit dem Honig verrühren und mit dem Buchweizen-Sellerie-Salat servieren.

TWO
PANS

Gebratener Reis mit Ananas

¾ Tasse Vollkornreis (ca. 180 g), ½ Ananas, 1 kleine Zwiebel,
½ rote Paprikaschote, 1 kleine Möhre, 3 Knoblauchzehen,
1 Handvoll Korianderblättchen mit zarten Stielen,
1 kleine Handvoll Cashewkerne, 2 EL Kokosöl (ersatzweise anderes Pflanzenöl),
1 TL Kurkumapulver, 2 EL Currypulver, 1 Prise Chiliflocken,
1 Limette, 3 EL Sojasauce

Für 2 Personen | 45 Min. Zubereitung

Den Vollkornreis mit 1½ Tassen Wasser (ca. 450 ml) in **PFANNE 1** (oder einem Topf) in 25–30 Min. zugedeckt gar kochen lassen, bis das Wasser vollkommen aufgesogen ist.

Die Ananashälfte schälen oder mit einem Löffel aushöhlen. Den Strunk mit einem Messer vom Fruchtfleisch entfernen und das Fruchtfleisch in Würfel schneiden.

Die Zwiebel schälen und würfeln. Die Paprikahälfte putzen, entkernen, waschen und in kleine Würfel schneiden. Die Möhre schälen, längs halbieren und quer in feine Scheiben schneiden. Die Knoblauchzehen schälen und ebenfalls in Scheibchen schneiden.

Das Koriandergrün in einem Sieb abbrausen, trocken tupfen und grob hacken. Die Cashewkerne grob hacken.

Das Kokosöl in **PFANNE 2** (oder einem Wok) erhitzen. Zwiebelwürfel, Paprika- und Möhrenstückchen darin bei mittlerer Hitze braten und dabei Farbe annehmen lassen. Knoblauch dazugeben und kurz mitbraten.

Reis und Ananas mit Kurkuma, Currypulver und Chiliflocken dazugeben und alles bei großer Hitze kurz unter Wenden braten.

Die Limette auspressen. Den gebratenen Reis mit ca. 2 EL Limettensaft und Sojasauce abschmecken. Koriander und Cashewkerne untermischen und alles heiß servieren.

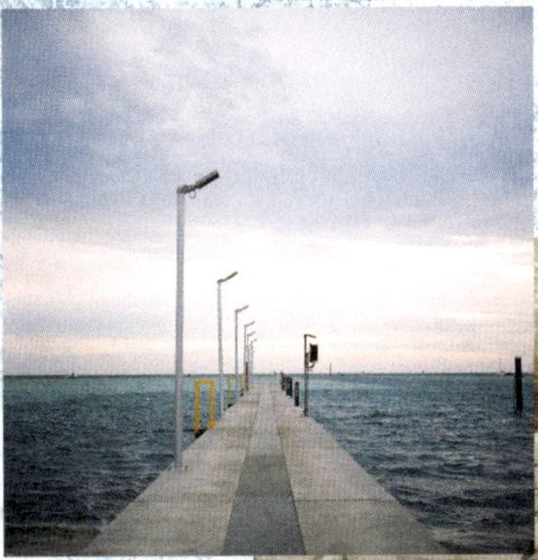

Unser Camping-Hack

»Servier den Reis gleich in der Ananashälfte – sieht gut aus und spart Geschirr! Dafür die Ananas nicht schälen, sondern das Fruchtfleisch einfach mit einem Löffel aus der Schale herausholen.«

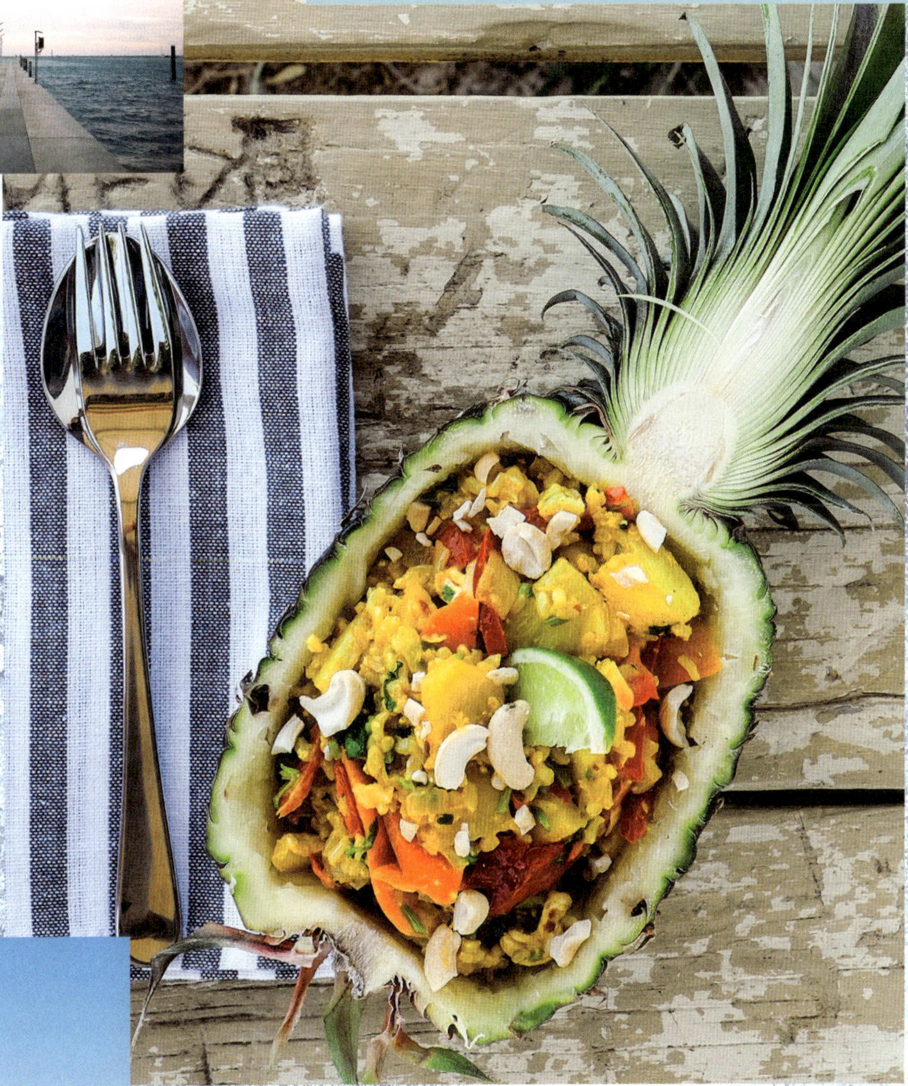

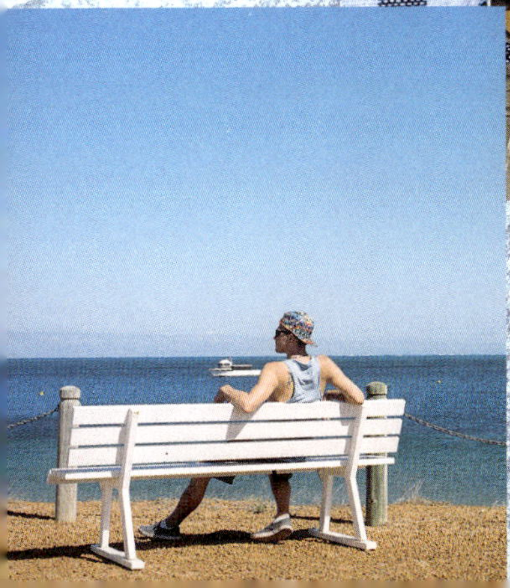

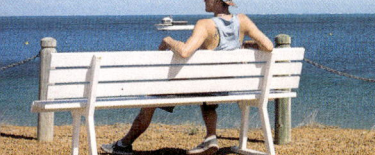

Süßkartoffelsuppe mit Paprika und Pilzen

2 Süßkartoffeln, 1 rote Paprikaschote, 1 kleines Stück Ingwer (ca. 1,5 cm),
4 Champignons, 2 Frühlingszwiebeln, 1 Zweig Rosmarin, 2 Zweige Thymian,
2 EL Kokosöl (ersatzweise anderes Pflanzenöl), 200 ml Weißwein,
600–800 ml Gemüsebrühe (Instant), Salz, Pfeffer

Außerdem:

30 g ital. Hartkäse (nach Belieben)

Für 2 Personen | 40 Min. Zubereitung

ONE PAN

Die Süßkartoffeln schälen. Die Paprika längs halbieren, putzen, entkernen und waschen. Süßkartoffeln und Paprika in ca. 1 cm große Würfel bzw. Stücke schneiden.

Den Ingwer schälen und in feine Scheiben schneiden. Die Pilze abreiben und achteln. Die Frühlingszwiebeln putzen und waschen. Die weißen Teile der Zwiebeln längs halbieren und quer in Streifen schneiden, die grünen separat in Röllchen schneiden.

Rosmarin- und Thymianzweige abbrausen und trocken schütteln. Die Nadeln bzw. Blättchen abstreifen und fein hacken.

Das Kokosöl in **PFANNE 1** (oder einem Topf) erhitzen. Die Süßkartoffeln darin mit den Paprikastücken und den Pilzen bei kleiner bis mittlerer Hitze 5–6 Min. andünsten.

Dann den Weißwein angießen, bei großer Hitze aufkochen und kurz einkochen lassen. 600 ml Gemüsebrühe angießen und aufkochen. Ingwer, Rosmarin und Thymian dazugeben und alles ca. 15 Min. köcheln lassen. Falls nötig, mehr Gemüsebrühe angießen.

Die weißen Frühlingszwiebeln dazugeben und noch ca. 2 Min. mitköcheln lassen. Die Suppe mit Salz und Pfeffer abschmecken und mit den grünen Frühlingszwiebeln bestreuen. Nach Belieben den Hartkäse mit einem Messer in Stückchen abbrechen und ebenfalls über die Süßkartoffelsuppe streuen.

Unser Camping-Hack

»In den Orten an der Westküste freuten wir uns über die »Breakfast-Mentalität«, die australische Liebe zum ausgedehnten Frühstück. An fast jeder Straßenecke findest Du ein nettes Café, das schon früh morgens vegetarische Snacks im Angebot hat – von Smoothies und gebackenem Vollkorntoast über Grünkohlsalat mit Quinoa. Alles auch bei fast leerer Reisekasse bezahlbar und extrem yummy!«

Gebratener Tofu mit Pak Choi und Reis

1 Tasse Vollkornreis (ca. 240 g), 200 g Tofu, 6 EL Sojasauce,
2 EL Currypulver, 5 Mini-Pak-Choi, 1 kleine Zwiebel,
1 kleine Möhre, 2 Knoblauchzehen, 2 große Portobello-Pilze,
2 EL Kokosöl (ersatzweise anderes Pflanzenöl),
1 EL Honig, 2 Prisen Chiliflocken, ½ TL gemahlener Koriander,
Pfeffer, 2 EL Sesamöl

Für 2 Personen | 40 Min. Zubereitung

TWO
PANS

Den Vollkornreis mit 2 Tassen Wasser (ca. 600 ml) in **PFANNE 1** (oder einem Topf) nach Packungsanweisung in 30–40 Min. zugedeckt gar kochen lassen, bis das Wasser vollkommen aufgesogen ist.

Inzwischen den Tofu in Würfel schneiden. 2 EL Sojasauce mit knapp 1 EL Currypulver vermischen. Die Tofuwürfel darin marinieren.

Mini-Pak-Choi putzen, waschen und in Streifen schneiden. Die Zwiebel schälen und in große Würfel schneiden. Die Möhre schälen, längs halbieren und quer in feine Scheiben schneiden. Knoblauch schälen und ebenfalls in dünne Scheiben schneiden. Die Pilze abreiben und von Hand in Stücke zupfen.

Das Kokosöl in **PFANNE 2** (oder einem Wok) erhitzen. Tofu trocken tupfen und darin bei großer Hitze anbraten. Zwiebelwürfel, Knoblauch, Pilze und Möhren dazugeben und unter Wenden ca. 2 Min. mitbraten.

Die Pak-Choi-Streifen unterrühren. Das übrige Currypulver mit Honig, Chiliflocken, gemahlenem Koriander und Pfeffer hinzufügen und unterrühren. Alles mit der restlichen Sojasauce ablöschen. Etwas Wasser dazugeben und kurz einkochen lassen.

Die Tofu-Pak-Choi-Mischung in eine Schüssel umfüllen und kurz abkühlen lassen, dann das Sesamöl unterrühren. Die Mischung mit dem gegarten Vollkornreis servieren.

ONE PAN

Lauwarmer Gemüsesalat mit Feta

1 Zwiebel, 2 Knoblauchzehen, 1 kleiner Zucchino, 1 rote Paprikaschote,
1 kleine, schmale Aubergine, 1 Handvoll Basilikumblättchen mit zarten Stielen,
200 g Schafskäse (Feta), 2 EL Kokosöl (ersatzweise anderes Pflanzenöl),
2 EL Tomatenmark, knapp 100 ml Aceto balsamico,
10 schwarze Oliven (entsteint), 6 in Öl eingelegte, getrocknete Tomaten,
3 EL Olivenöl, Salz, Pfeffer, 1 EL Kokosraspel (nach Belieben)

Für 2 Personen | 50 Min. Zubereitung

Die Zwiebel schälen und in Würfel schneiden. Die Knoblauchzehen schälen, halbieren und mit dem Handballen andrücken.

Zucchino waschen, putzen und schräg in Scheiben schneiden. Die Paprika längs halbieren, putzen, entkernen, waschen und in größere Stücke schneiden. Die Aubergine quer in runde Scheiben schneiden.

Die Basilikumblättchen in einem Sieb abbrausen, trocken tupfen und grob hacken. Den Feta in kleine Würfel schneiden.

Die Auberginen in **PFANNE 1** (möglichst beschichtet) ohne Fett bei mittlerer Hitze in 8–10 Min. von beiden Seiten goldbraun braten, dann in eine Schüssel geben.

Das Kokosöl in der Pfanne erhitzen. Zwiebelwürfel, Knoblauch, Paprika und Zucchinischeiben darin in 8–10 Min. bei mittlerer Hitze leicht braun braten, dabei mehrmals wenden. Auberginen und Tomatenmark dazugeben und ca. 2 Min. mitbraten. Den Balsamico angießen und kurz einkochen lassen.

Dann das Gemüse aus der Pfanne mit den Oliven in die Schüssel geben. Die getrockneten Tomaten sehr gut abtropfen lassen, in feine Streifen schneiden und untermischen.

Alles kurz abkühlen lassen, dann mit dem Olivenöl vermischen. Den Salat mit Salz und Pfeffer abschmecken, mit Basilikum und Feta bestreuen und lauwarm servieren. Nach Belieben mit Kokosraspeln garnieren.

Avocado-Mango-Aufstrich

1 Mango, 1 rote Chilischote, 1 Handvoll Minzeblättchen, 5 Macadamianusskerne,
1 reife Avocado, 1 Limette, 1 TL gemahlener Koriander, Salz, Pfeffer

Für 2 Personen | 10 Min. Zubereitung

Die Mango schälen. Das Fruchtfleisch vom Stein schneiden und in Würfel schneiden.

Die Chili längs halbieren, putzen, entkernen, waschen und fein schneiden. Die Minzeblättchen in einem Sieb abbrausen, trocken tupfen und fein hacken. Die Nüsse grob hacken.

Die Avocado schälen, entkernen und in eine Schüssel geben. Das Fruchtfleisch mit einer Gabel zerdrücken. Die Limette halbieren und mit der Hand über der Schüssel auspressen.

Mango, Chili und Minze mit den Nüssen vorsichtig untermischen. Den Aufstrich mit Koriander würzen, mit Salz und Pfeffer abschmecken. (1–2 Tage im Kühlschrank haltbar.)

Kürbis-Frischkäse-Aufstrich

250 g Kürbis (z. B. Muskat), 2 EL Kokosöl (ersatzweise anderes Pflanzenöl), 2 Stängel Majoran,
100 g Doppelrahm-Frischkäse, 2 EL Sonnenblumenkerne, 2 EL Kürbiskerne, Salz, Pfeffer

Für 2 Personen | 30 Min. Zubereitung | 30 Min. Kühlen

Das Kürbisstück schälen, entkernen, in grobe Würfel schneiden und in **PFANNE 1** (oder einem Topf) mit wenig Wasser bedeckt bei mittlerer Hitze in ca. 20 Min. weich kochen lassen. Kürbis abgießen, mit einer Gabel grob zerdrücken und leicht abkühlen lassen. Dann das Kokosöl unterrühren und die Kürbismasse vollständig abkühlen lassen.

Majoran abbrausen und trocken schütteln. Die Blättchen abzupfen und fein hacken.

Den Frischkäse mit Majoran, Sonnenblumen- und Kürbiskernen unter die Kürbismasse mischen. Den Aufstrich mit Salz und Pfeffer abschmecken und ca. 30 Min. kühl stellen. (2–3 Tage im Kühlschrank haltbar.)

ONE
PAN

Rote-Bete-Oliven-Aufstrich

1 kleine frische Knolle Rote Bete, 6 schwarze Oliven (entsteint),
1 Handvoll Oreganoblättchen, 1 EL Mandeln, 1 EL Chia-Samen, 1 EL Honig, Salz, Pfeffer

Für 2–4 Personen | 1 Std. Zubereitung

Die Rote Bete schälen, klein würfeln und in **PFANNE 1** (oder einem Topf) in wenig Wasser zugedeckt in ca. 45 Min. weich kochen lassen. (Bei vorgekochter Roter Bete kannst Du Dir das Kochen natürlich sparen.)

Rote Bete abgießen, mit einer Gabel zerdrücken oder mit einem Pürierstab fein zerkleinern und abkühlen lassen.

Die Oliven fein hacken. Die Oreganoblättchen in einem Sieb abbrausen, trocken tupfen und fein hacken. Die Mandeln mit der Hand in kleine Stücke zerdrücken.

Oliven, Oregano, Mandeln, Chia-Samen und Honig zur Rote-Bete-Masse geben und den Aufstrich mit Salz und Pfeffer abschmecken. (2–3 Tage im Kühlschrank haltbar.)

NO
PAN

Mascarpone-Tomaten-Aufstrich

250 g Mascarpone, 5–6 in Öl eingelegte, getrocknete Tomaten,
2 Knoblauchzehen, 1 Handvoll Basilikumblättchen mit zarten Stielen,
10 schwarze Oliven (entsteint), Salz, Pfeffer

Für 2 Personen | 10 Min. Zubereitung | 30 Min. Kühlen

Den Mascarpone in eine Schüssel geben. Die getrockneten Tomaten abtropfen lassen, fein schneiden und dazugeben. Den Knoblauch schälen und dazupressen.

Die Basilikumblättchen einem Sieb abbrausen, trocken tupfen und fein hacken. Die Oliven vierteln oder halbieren.

Basilikum und Oliven in die Schüssel geben und alles sehr gut vermengen. Den Aufstrich mit Salz und Pfeffer abschmecken und vor dem Servieren ca. 30 Min. kühl stellen. (2–3 Tage im Kühlschrank haltbar.)

Unser Camping-Hack

»Die Aufstriche sind mit frischem Brot unschlagbar als Snack auf einer längeren Tour oder einer Wanderung. Und auch wenn Du mal keine Lust hast zu kochen, bist Du froh, wenn noch ein übrig gebliebener Rest im Van-Kühlschrank auftaucht.«

Kürbis-Rotkohl-Salat mit Orange und Minze

150 g Kürbis, 1 Apfel, ¼ Kopf Rotkohl, 1 kleine Zwiebel, 1 Möhre,
1 Orange, 1 kleines Stück rote Chilischote, 1 Handvoll Pekannusskerne,
1 Handvoll Minzeblättchen, ½ Limette, 3 EL Rapsöl,
3–4 EL trüber Apfelessig, 1 EL Honig, Salz, Pfeffer

Für 2 Personen | 30 Min. Zubereitung | 30 Min. Ruhen

NO
PAN

Das Kürbisstück schälen, entkernen und in sehr feine Streifen schneiden. Den Apfel waschen und nach Belieben schälen, das Kerngehäuse entfernen und den Apfel ebenfalls in feine Streifen schneiden.

Den Rotkohl putzen und ohne den Strunk in feine Streifen schneiden oder hobeln. Die Zwiebel schälen, halbieren und in feine Streifen schneiden. Die Möhre schälen und mit einer Röstiraffel oder einer Reibe grob raffeln. Die Orange sehr großzügig schälen und in Filets teilen, diese in Würfel schneiden.

Chili putzen, entkernen, waschen und fein schneiden. Die Pekannüsse grob hacken. Die Minzeblättchen in einem Sieb abbrausen, trocken tupfen und ebenfalls grob hacken.

Alle vorbereiteten Zutaten in eine Schüssel geben. Die Limettenhälfte mit der Hand über der Schüssel auspressen.

Das Rapsöl mit Apfelessig, Honig, Salz und Pfeffer verrühren und untermischen. Den Salat vor dem Servieren ca. 30 Min. ziehen lassen, dann nochmals abschmecken.

Indisches Dal mit Chili und Kokosmilch

1 Zwiebel, 3 Knoblauchzehen, 1 kleines Stück Ingwer (ca. 1,5 cm),
½ rote Chilischote, 1 Handvoll Korianderblättchen mit zarten Stielen,
2 EL Kokosöl (ersatzweise anderes Pflanzenöl), 1½ Tassen rote Linsen (ca. 450 g),
1 Dose Kokosmilch (400 g), 1 EL Kurkumapulver,
1 EL gemahlener Kreuzkümmel,
1 EL Currypulver, ½ TL gemahlener Koriander, 1 Lorbeerblatt,
1 Bio-Zitrone, Salz, Pfeffer

Für 2 Personen | 40 Min. Zubereitung

Die Zwiebel schälen und sehr fein hacken. Knoblauch schälen und in feine Scheiben schneiden. Ingwer schälen und fein reiben. Chili putzen, entkernen, waschen und fein schneiden. Das Koriandergrün in einem Sieb abbrausen, trocken tupfen und hacken.

Das Kokosöl in **PFANNE 1** (oder einem Topf) erhitzen. Gehackte Zwiebel, Knoblauch und Ingwer darin bei kleiner Hitze andünsten. Die Linsen hinzufügen und 2–3 Min. mitdünsten. Die Kokosmilch aus der Dose und 1 Tasse Wasser (ca. 300 ml) angießen und aufkochen.

Chili, Kurkuma, Kreuzkümmel, Currypulver, Koriander und Lorbeerblatt hinzufügen. Die Zitrone heiß waschen und abtrocknen. Die Schale fein abreiben und dazugeben.

Alles unter ständigem Rühren 20–30 Min. köcheln lassen, bis die Linsen eine breiartige Konsistenz aufweisen. Falls nötig, noch Wasser dazugeben. Zum Schluss den frischen Koriander bis auf einen kleinen Rest dazugeben. Dal mit Salz und wenig Pfeffer abschmecken und mit übrigem Koriander bestreut servieren, z. B. mit Papadams oder Fladenbrot.

ONE PAN

Orientalischer Couscoussalat mit Honigmelone

1 Lorbeerblatt, 1 TL Kurkumapulver, 1 TL Currypulver, 2 Sternanis, Salz,
1 TL gemahlener Kreuzkümmel, 1 TL gemahlener Fenchelsamen,
¾ Tasse Couscous (ca. 250 g), 8 Kirschtomaten, ½ kleine rote Zwiebel,
1 kleines Stück Honigmelone (ca. 100 g), 1 Mini-Gurke, 2 Datteln (entsteint),
1 Handvoll Cashewkerne, 1 Handvoll Minzeblättchen,
2 EL trüber Apfelessig, ½ TL gemahlener Zimt, Pfeffer, 3 EL Olivenöl

ONE PAN

Für 2 Personen | 40 Min. Zubereitung

1 ½ Tassen Wasser (ca. 450 ml) mit Lorbeer, Kurkumapulver, Currypulver, Sternanis, Salz, Kreuzkümmel und Fenchelsamen in **PFANNE 1** (oder einem Topf) aufkochen und ca. 5 Min. köcheln lassen.

Dann den Couscous in eine Schüssel geben. Das aromatisierte Wasser darübergießen und den Couscous zugedeckt ca. 15 Min. ziehen und etwas abkühlen lassen, dabei ab und zu mit einer Gabel auflockern.

Inzwischen die Kirschtomaten waschen und halbieren. Die Zwiebelhälfte schälen und in sehr feine Streifen schneiden.

Das Melonenstück schälen und entkernen. Die Gurke schälen oder gründlich waschen. Melone, Gurke und Datteln in feine Würfel oder dünne Scheiben schneiden.

Die Cashewkerne zerdrücken. Die Minzeblättchen in einem Sieb abbrausen, trocken tupfen und fein hacken.

Für einen lauwarmen Salat nun den Couscous nach dem Quellen gleich mit den vorbereiteten Zutaten vermischen, ansonsten den Couscous zunächst abkühlen lassen. In jedem Fall für das Dressing den Apfelessig mit Zimt, Salz, Pfeffer und Olivenöl verrühren und untermischen. Den Salat mit Salz und Pfeffer abschmecken und servieren.

Asiatischer Glasnudelsalat mit Mango und Gurke

200 g dünne Glasnudeln, Salz, 1 Mango, 1 Mini-Gurke, 1 Möhre,
1 kleine rote Zwiebel, 2 Frühlingszwiebeln, 1 rote Chilischote,
2 Limetten, 4 EL Sojasauce, 2 EL Sesamöl,
1 TL Currypulver, 1 TL schwarze Sesamsamen, Pfeffer,
½ TL gemahlener Koriander

ONE PAN

Für 2 Personen | 30 Min. Zubereitung | 10 Min. Ruhen

SÜSSE MANGO PLUS MILDE GURKE ERGEBEN MIT GLASNUDELN, LIMETTE, SESAMÖL UND EINER KRÄFTIGEN PORTION CHILI EIN HERRLICH KÜHLENDES GERICHT – IN KALBARRI TOWN UNSER FAVORIT BEI 40° IM SCHATTEN!

Die Glasnudeln nach Packungsanweisung in **PFANNE 1** (oder einem Topf) in Salzwasser gar kochen lassen. Dann die Glasnudeln in ein Sieb abgießen, mit kaltem Wasser abschrecken und abtropfen lassen.

Die Mango schälen. Das Fruchtfleisch vom Stein schneiden und in feine Streifen schneiden. Die Gurke schälen oder gründlich waschen und in feine Scheiben schneiden oder hobeln. Die Möhre schälen und mit einer Röstiraffel oder einer Reibe raffeln.

Die Zwiebel schälen und in feine Streifen schneiden. Die Frühlingszwiebeln putzen, waschen und in feine Streifen schneiden. Die Chili putzen, längs halbieren, entkernen, waschen und ebenfalls fein schneiden.

Alle vorbereiteten Zutaten mit den Glasnudeln in einer Schüssel mischen. Die Limetten halbieren und mit der Hand über der Schüssel auspressen. Sojasauce, Sesamöl, Currypulver, Sesamsamen, Pfeffer und gemahlenen Koriander hinzugeben. Alles gut vermischen und 5–10 Min. ziehen lassen.

Auberginen- und Zucchini-
Röllchen mit Frischkäse

⅓ Tasse Quinoa (ca. 100 g), Salz, 1 Aubergine,
1 Zucchino, 1 EL Kokosöl (ersatzweise Olivenöl), 100 g Doppelrahm-Frischkäse,
2 EL Olivenöl, 1 Knoblauchzehe, ½ Handvoll Salbeiblätter,
½ weiche Avocado, ½ Bio-Zitrone, 1 kleine Handvoll Walnusskerne,
Pfeffer, 1 EL Aceto balsamico (nach Belieben)

Für 2 Personen | 50 Min. Zubereitung

Die Quinoa in einem Sieb waschen, dann in **PFANNE 1** (oder einem Topf) in reichlich kochendem Salzwasser in ca. 20 Min. weich kochen lassen. Die Quinoa in ein Sieb abgießen und abkühlen lassen.

In der Zwischenzeit die Aubergine und den Zucchino waschen, putzen und jeweils längs in ca. 4 mm breite Scheiben schneiden.

Zuerst die Auberginenscheiben in **PFANNE 2** (möglichst beschichtet) ohne Fett bei mittlerer bis großer Hitze in 8–10 Min. von beiden Seiten goldbraun braten. Die Auberginenscheiben aus der Pfanne nehmen und abkühlen lassen.

Das Kokosöl in der Pfanne erhitzen und die Zucchinischeiben darin in ca. 10 Min. von beiden Seiten goldbraun anbraten. Aus der Pfanne nehmen und abkühlen lassen.

Den Frischkäse mit 1 EL Olivenöl und der abgekühlten Quinoa mischen. Den Knoblauch schälen und dazupressen. Die Salbeiblätter in einem Sieb abbrausen, trocken tupfen, fein hacken und dazugeben.

Die Avocadohälfte entkernen. Das Fruchtfleisch herauslöffeln, mit einer Gabel zerdrücken und zu der Frischkäsemasse geben.

Die Zitronenhälfte heiß waschen, abtrocknen und die Schale fein abreiben. Die Schale unter die Frischkäsemasse mischen und alles geschmeidig rühren. Die Walnusskerne fein hacken und unterrühren. Die Frischkäsefüllung mit Salz und Pfeffer abschmecken.

Auberginen- und Zucchinistreifen auslegen, mit der Füllung bestreichen und einrollen. Die Röllchen mit übrigem Olivenöl und nach Belieben noch mit Balsamico beträufeln.

Buchweizen-»Risotto« mit Rotwein

ONE PAN

1 kleine Zwiebel, 1 rote Paprikaschote, 1 kleine Möhre,
1 große Handvoll Blumenkohlröschen (80–100 g),
1 Handvoll Basilikumblättchen mit zarten Stielen,
2 EL Kokosöl (ersatzweise anderes Pflanzenöl), ¾ Tasse Buchweizen (ca. 180 g),
2 EL Tomatenmark, 150 ml Rotwein, 2 Lorbeerblätter, ½ TL Chiliflocken,
400 ml Gemüsebrühe (Instant), 100 g ital. Hartkäse, Salz, Pfeffer

Für 2 Personen | 40 Min. Zubereitung

NEBEN EINEM HERUNTERGEKOMMENEN KINDERSPIELPLATZ FANDEN WIR EINEN ÜBERRASCHEND SCHÖNEN HOLZTISCH. IN MILDEM SONNENLICHT UND MIT DEM VOM KOCHEN ÜBRIG GEBLIEBENEN ROTWEIN SCHMECKTE UNS DER BUCHWEIZEN DA GLEICH NOCH BESSER.

Die Zwiebel schälen und in kleine Würfel schneiden. Die Paprika längs halbieren, putzen, entkernen, waschen und in ca. 2 cm große Stücke schneiden. Die Möhre schälen, längs halbieren und in dünne Scheiben schneiden. Die Blumenkohlröschen in einem Sieb abbrausen und abtropfen lassen.

Basilikumblättchen in einem Sieb abbrausen, trocken tupfen und in Streifen schneiden.

Das Kokosöl in **PFANNE 1** (oder einem Topf) erhitzen. Zwiebel, Paprika und Möhre darin bei kleiner Hitze ca. 5 Min. andünsten. Buchweizen und Tomatenmark hinzufügen und kurz mitdünsten. Den Rotwein angießen und bei größerer Hitze etwas einkochen lassen.

Die Blumenkohlröschen, Lorbeerblätter und Chiliflocken dazugeben. Nach und nach die Gemüsebrühe angießen und alles offen 15–20 Min. unter Rühren köcheln lassen, bis der Buchweizen gegart ist.

Inzwischen den Hartkäse reiben und mit dem Basilikum bis auf einen kleinen Rest unterrühren. »Risotto« mit Salz und Pfeffer abschmecken und mit übrigem Basilikum und Hartkäse bestreut servieren.

Unser Camping-Hack

»Ultimativer Tipp für alle Käsefans: Wenn
der Camper-Kühlschrank überfüllt ist, beim
Einkauf zu parmesanähnlichen Hartkäsesorten
greifen. Die überstehen am Stück nämlich
auch problemlos ein paar Tage ohne Kühlung –
auch bei sommerlichen Temperaturen.«

Marinierter Maiskolben mit Tomaten-Spargel-Salat

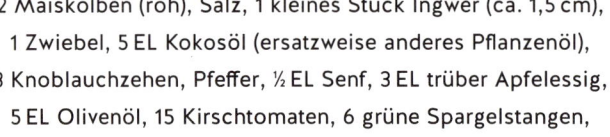

2 Maiskolben (roh), Salz, 1 kleines Stück Ingwer (ca. 1,5 cm),
1 Zwiebel, 5 EL Kokosöl (ersatzweise anderes Pflanzenöl),
3 Knoblauchzehen, Pfeffer, ½ EL Senf, 3 EL trüber Apfelessig,
5 EL Olivenöl, 15 Kirschtomaten, 6 grüne Spargelstangen,
1 Handvoll Basilikumblättchen mit zarten Stielen

Für 2 Personen | 30 Min. Zubereitung

TWO PANS

Die Maiskolben waschen und in **PFANNE 1** (oder einem Topf) in reichlich Salzwasser 20–25 Min. kochen lassen, bis die Körner gar sind. Inzwischen Ingwer und Zwiebel schälen und separat klein würfeln.

Das Kokosöl in **PFANNE 2** (oder einem Wok) erhitzen. Ingwer und die Hälfte der Zwiebelwürfel darin bei kleiner Hitze glasig andünsten. Den Knoblauch schälen, dazupressen und 4–5 Min. mitdünsten. Dann die Pfanne vom Herd nehmen, alles etwas ziehen lassen und mit Salz und Pfeffer würzen.

Für den Salat Senf, Apfelessig und Olivenöl mit Salz und Pfeffer in einer größeren Schüssel verrühren. Die Kirschtomaten waschen, halbieren und mit den restlichen Zwiebelwürfeln zu der Vinaigrette geben.

Die Spargelstangen waschen, trocken tupfen und im unteren Drittel schälen. Holzige Enden großzügig wegschneiden. Spargelstangen längs halbieren, in kleine Stücke schneiden und zu den Tomaten geben.

Basilikumblättchen in einem Sieb abbrausen, trocken tupfen und fein hacken. Das Basilikum zu der Tomaten-Spargel-Mischung geben und alles sehr gut vermischen.

Die gegarten Maiskolben abgießen, in der Ingwer-Zwiebel-Mischung in der Pfanne wenden und mit dem Salat servieren.

Indisches Madras-Curry mit Kürbis und Banane

1 Tasse Wildreis (ca. 240 g), 200 g Kürbis, 1 Banane, 1 kleine rote Zwiebel,
2 Frühlingszwiebeln, 4 grüne Spargelstangen, 1 kleines Stück Ingwer (ca. 1 cm),
2 EL Kokosöl (ersatzweise anderes Pflanzenöl),
2–3 EL Madras-Currypaste, 1 Dose Kokosmilch (400 g), Salz, Pfeffer

Für 2 Personen | 45 Min. Zubereitung

MADRAS-CURRYPASTE IST BESONDERS FEURIG, KÜRBIS UND BANANE BREMSEN HIER MIT IHRER SÜSSE DIE SCHÄRFE. NATÜRLICH KANNST DU AUCH EINE ANDERE CURRYPASTE VERWENDEN – KREATIVITÄT IST IMMER WILLKOMMEN, VOR ALLEM BEIM KOCHEN UNTERWEGS!

Den Reis mit 2 Tassen Wasser (ca. 600 ml) in PFANNE 1 (oder einem Topf) in 25–30 Min. zugedeckt gar kochen lassen, bis das Wasser vollkommen aufgesogen ist.

Inzwischen das Kürbisstück schälen, entkernen und in Würfel schneiden. Die Banane schälen und in dünne Scheiben schneiden. Die Zwiebel schälen und würfeln.

Die Frühlingszwiebeln putzen und waschen. Die weißen Teile der Zwiebeln längs halbieren und quer in Streifen schneiden, die grünen separat in Röllchen schneiden.

Die Spargelstangen waschen, trocken tupfen und im unteren Drittel schälen. Holzige Enden großzügig wegschneiden. Spargel schräg in Scheibchen schneiden. Den Ingwer schälen und sehr fein würfeln oder reiben.

Das Kokosöl in PFANNE 2 (oder einem Wok) erhitzen. Zwiebelwürfel, Kürbis und Spargel darin bei kleiner Hitze ca. 4 Min. andünsten. Die Currypaste hinzufügen und ganz kurz bei größerer Hitze mitrösten. Die Kokosmilch aus der Dose angießen und aufkochen. Den Ingwer dazugeben.

Alles bei kleiner Hitze ca. 10 Min. köcheln lassen, dann die Bananen und den weißen Teil der Frühlingszwiebeln dazugeben und ca. 5 Min. mitköcheln lassen.

Das Curry mit Salz und Pfeffer abschmecken, mit den grünen Frühlingszwiebeln bestreuen und mit dem Wildreis servieren.

Asiatische Nudelsuppe mit Tofu und Gemüse

2 Knoblauchzehen, 2 Frühlingszwiebeln, 1 Handvoll grüne Bohnen (80 g),
1 rote Chilischote, 1 kleines Stück Ingwer (ca. 1 cm),
150 g Tofu, 1 Handvoll Korianderblättchen mit zarten Stielen,
2 Handvoll Brokkoliröschen (120–150 g),
2 EL Kokosöl (ersatzweise anderes Pflanzenöl),
2 TL Currypulver, ½ TL Kurkumapulver, 4 EL Sojasauce,
150 g japanische Soba-Nudeln, 1 ½ Limetten, Salz, Pfeffer

Für 2 Personen | 30 Min. Zubereitung

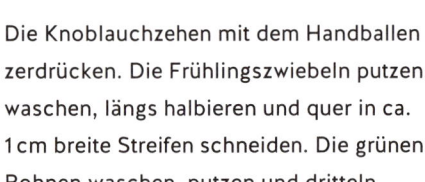

ONE
PAN

Die Knoblauchzehen mit dem Handballen zerdrücken. Die Frühlingszwiebeln putzen, waschen, längs halbieren und quer in ca. 1 cm breite Streifen schneiden. Die grünen Bohnen waschen, putzen und dritteln.

Die Chili putzen, längs halbieren, entkernen, waschen und in dünne Streifen schneiden. Den Ingwer schälen und in dünne Scheiben schneiden. Den Tofu in Würfel schneiden. Das Koriandergrün in einem Sieb abbrausen, trocken tupfen und grob hacken. Die Brokkoliröschen ebenfalls in einem Sieb abbrausen, abtropfen lassen und halbieren.

Das Kokosöl in **PFANNE 1** (oder einem großen Topf) erhitzen. Knoblauch, Frühlingszwiebeln, Bohnen, Chili, Ingwer und Tofu darin bei mittlerer Hitze unter Wenden in 5-6 Min. leicht braun braten.

Die Mischung mit Curry- und Kurkumapulver bestäuben. Die Sojasauce dazugeben und kurz einkochen lassen, 600–700 ml Wasser dazugießen und aufkochen.

Die Soba-Nudeln und die Brokkoliröschen ins kochende Wasser geben. Die ganze Limette halbieren. Alle Hälften dann mit der Hand über der Pfanne auspressen. Alles ca. 10 Min. leicht köcheln lassen, bis die Nudeln gegart und weich sind, dann die Suppe mit Salz und Pfeffer abschmecken.

Unser Camping-Hack

»Keine Zitruspresse an Bord? Limetten, Zitronen oder Orangen einfach halbieren. Für ein paar Tropfen Saft die Hälfte dann direkt mit einer Hand über dem Topf oder der Schüssel vorsichtig zusammendrücken. Brauchst Du mehr, packst Du einfach kräftiger zu.«

Quinoasalat
mit Orangen und Birnen

¾ Tasse Quinoa (ca. 225 g), Salz, 1 rote Paprikaschote, 2 Birnen, 1 kleine Möhre,
1 Frühlingszwiebel, 3 Orangen, 1 kleines Stück Ingwer (ca. 1 cm),
1 Handvoll Pekannusskerne, 1 Handvoll Korianderblättchen mit zarten Stielen,
½ Zitrone, Pfeffer, 5 EL Rapsöl, 5 EL trüber Apfelessig,
2 EL Chia-Samen (nach Belieben)

Für 2 Personen | 40 Min. Zubereitung

ONE PAN

DER PERFEKTE SALAT NACH EINEM TAG IN BRÜTENDER HITZE! UND IN CORAL BAY WAR ER FÜR UNS DIE IDEALE STÄRKUNG NACH AUFREGENDEN STUNDEN UNTER WASSER BEIM SCHNORCHELN.

Die Quinoa in **PFANNE 1** (oder einem Topf) in reichlich kochendem Salzwasser in ca. 20 Min. weich kochen lassen, dann in ein Sieb abgießen und eiskalt abschrecken.

Die Paprika längs halbieren, putzen, entkernen und waschen. Die Birnen waschen, vierteln und entkernen. Die Möhre schälen. Paprika, Birnen und Möhre sehr fein würfeln.

Die Frühlingszwiebel putzen, waschen, längs halbieren und quer in feine Streifen schneiden. 2 Orangen sehr großzügig schälen und in Filets teilen, diese würfeln.

Den Ingwer schälen und fein reiben. Die Pekannüsse mit der Hand grob zerkleinern. Das Koriandergrün in einem Sieb abbrausen, trocken tupfen und fein hacken.

Alle vorbereiteten Zutaten in eine Schüssel geben und vermischen. Die Zitronenhälfte und die übrige Orange über einer kleinen Schüssel mit der Hand auspressen. Den Saft mit Salz, Pfeffer, Rapsöl und Apfelessig zu einem Dressing verrühren und unter den Salat mischen. Den Quinoasalat nochmals abschmecken und nach Belieben noch mit den Chia-Samen bestreuen.

Kartoffel-Gemüse-Rösti mit Joghurt-Dip

ONE PAN

Für die Rösti:

3 festkochende Kartoffeln, Salz, 1 Möhre, 1 Zucchino, 3 Zweige Rosmarin,
1 TL gemahlener Kreuzkümmel, ¼ TL gemahlener Koriander, Pfeffer,
Kokosöl (ersatzweise anderes Pflanzenöl) zum Braten

Für den Joghurt-Dip:

1 kleine rote Spitzpaprikaschote, 1 Schalotte, 1 Stängel Majoran,
200 g griechischer Joghurt, 1 TL Harissa (scharfe Würzpaste), 1 Knoblauchzehe, Salz, Pfeffer

Für 2 Personen | 45 Min. Zubereitung

FÜR UNS SCHWEIZER DARF EINE RÖSTI AUCH AM ANDEREN ENDE DER WELT NICHT FEHLEN – MIT KREUZKÜMMEL UND KORIANDER HABEN WIR UNSERER HEIMATKÜCHE ALLERDINGS NOCH EIN KLEINES GLOBALES UPDATE VERPASST!

Für die Rösti die Kartoffeln mit einer Rösti-raffel oder einer Reibe grob raffeln. Die Kartoffelmasse mit etwas Salz bestreuen und kurz ziehen lassen. Dann die Masse mit beiden Händen leicht auspressen.

Für den Joghurt-Dip die Spitzpaprika längs halbieren, putzen, entkernen, waschen und klein würfeln. Die Schalotte schälen und hacken. Den Majoran abbrausen und trocken schütteln. Die Blättchen abzupfen und fein hacken. Paprika, Schalotte und Majoran mit dem Joghurt und Harissa mischen.

Den Knoblauch schälen und mit einer Knoblauchpresse zur Joghurt-Mischung pressen. Den Dip mit Salz und Pfeffer abschmecken und beiseitestellen.

Für die Rösti die Möhre schälen und raffeln. Zucchino waschen, putzen, ebenfalls raffeln und mit Möhre und Kartoffeln mischen.

Den Rosmarin abbrausen und trocken schütteln. Die Nadeln abstreifen, fein hacken und mit Kreuzkümmel, gemahlenem Koriander, Salz und Pfeffer zur Röstimasse geben.

Reichlich Kokosöl zum Braten in **PFANNE 1** erhitzen. Für jede Rösti ein Viertel der Masse hineingeben und bei mittlerer Hitze in jeweils 5–8 Min. pro Seite goldbraun braten. Die Kartoffel-Gemüse-Rösti heiß aus der Pfanne mit dem Joghurt-Dip servieren.

Travel:
a healthy lifestyle
addiction

Kichererbsen-Salat mit Datteln und Radieschen

180 g getrocknete Kichererbsen, Salz, 1 TL Kurkumapulver, 1 Zwiebel, 6 Datteln (entsteint),
4 Radieschen, 10 Salbeiblätter, 2 EL griechischer Joghurt,
1 TL Harissa (Würzpaste), 3 EL trüber Apfelessig, 2 EL Olivenöl,
1 TL Honig, ½ TL gemahlener Kreuzkümmel, 2 Knoblauchzehen, Pfeffer,
2 EL Kokosöl (ersatzweise anderes Pflanzenöl)

TWO PANS

Für 2 Personen | 1 Std. Zubereitung | 4 Std. Einweichen

DEN RAFFINIERTEN SALAT KANNST DU AUCH SCHNELL MIT KICHERERBSEN AUS DER DOSE ZUBEREITEN. KÜHL GESTELLT LÄSST ER SICH LOCKER 3–4 TAGE AUFBEWAHREN – IDEAL FÜR UNTERWEGS!

Die Kichererbsen mindestens 4 Std. in Wasser einweichen (am besten über Nacht). In ein Sieb abgießen und abtropfen lassen.

Dann die Kichererbsen in **PFANNE 1** (oder einem Topf) mit Wasser bedecken. Wasser mit Salz und Kurkumapulver würzen und aufkochen. Die Kichererbsen in mind. 45 Min. weich kochen lassen, in ein Sieb abgießen und leicht abkühlen lassen.

Inzwischen die Zwiebel schälen, halbieren und in dünne Streifen schneiden. Die Datteln in Streifen schneiden. Die Radieschen in feine Scheiben schneiden. Salbeiblätter waschen, trocken tupfen und fein hacken.

Joghurt, Harissa, Apfelessig, Olivenöl, Honig und Kreuzkümmel in einer Schüssel gut vermischen. Knoblauchzehen schälen und mit einer Knoblauchpresse dazupressen.

Die leicht abgekühlten Kichererbsen mit den Datteln, den Radieschen und dem Salbei in die Schüssel geben. Alles gut vermischen und mit Salz und Pfeffer abschmecken.

Das Kokosöl in **PFANNE 2** (oder einem Wok) erhitzen. Die Zwiebelstreifen darin in ca. 10 Min. bei großer Hitze unter Wenden goldbraun rösten und auf dem Kichererbsen-Dattel-Salat anrichten.

Rote-Bete-Risotto mit Apfel und Frühlingszwiebeln

ONE PAN

1 frische Knolle Rote Bete, 1 kleiner säuerlicher Apfel, 1 Zwiebel,
1 kleines Stück Ingwer (ca. 1,5 cm), 2 Frühlingszwiebeln,
1 Handvoll Korianderblättchen mit zarten Stielen, 1 Stängel Zitronengras,
1 EL Kokosöl (ersatzweise anderes Pflanzenöl), 200 g Risotto-Reis,
200 ml Weißwein, 400–500 ml Gemüsebrühe (Instant), 100 ml Apfelsaft,
80 g ital. Hartkäse, 1 Schuss Gin (nach Belieben), Salz, Pfeffer

Für 2 Personen | 45 Min. Zubereitung

Die Rote Bete schälen und würfeln. Den Apfel waschen und nach Belieben schälen, das Kerngehäuse entfernen und den Apfel ebenfalls in kleine Würfel schneiden.

Die Zwiebel und den Ingwer schälen und fein würfeln. Die Frühlingszwiebeln putzen, waschen und in feine Streifen schneiden.

Das Koriandergrün in einem Sieb abbrausen, trocken tupfen und grob hacken. Das Zitronengras waschen. Den unteren Teil mit der Klinge eines breiten Messers andrücken.

Das Kokosöl in **PFANNE 1** (oder einem Topf) erhitzen. Zwiebel- und Ingwerwürfel darin bei kleiner Hitze glasig andünsten. Den Reis dazugeben und unter Rühren ebenfalls glasig dünsten. Ca. 100 ml Weißwein angießen, aufkochen und etwas einkochen lassen.

Die Rote Bete und das Zitronengras dazugeben. Unter ständigem Rühren nach und nach den restlichen Wein, die Gemüsebrühe und den Apfelsaft angießen und alles unter Rühren köcheln lassen. Den Hartkäse reiben.

Nach ca. 15 Min. die Frühlingszwiebeln hinzufügen. Den Risotto noch so lange weiterrühren und dabei köcheln lassen, bis er eine cremige Konsistenz hat und die Reiskörner aber noch etwas Biss haben.

Das Zitronengras entfernen, Apfelwürfel, Koriandergrün, geriebenen Hartkäse und nach Belieben auch den Gin unterrühren. Den Rote-Bete-Risotto mit Salz und Pfeffer abschmecken und sofort servieren.

Unser Camping-Hack

»Die unberührte Natur in diesem großartigen Land haben
wir sehr genossen. Uns war klar, dass Westaustralien
spärlicher besiedelt ist als der Osten des Landes. Doch
dass es manchmal so menschenleer war, hätten wir
nicht gedacht. Bei längeren Touren die Essentials nicht
vergessen! Achte darauf, dass Du genügend Wasser
dabei hast und auch einen kleinen Lebensmittelvorrat.«

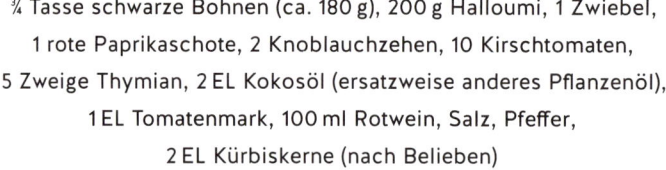

Gebratener Halloumi mit Bohnen und Tomaten

¾ Tasse schwarze Bohnen (ca. 180 g), 200 g Halloumi, 1 Zwiebel,
1 rote Paprikaschote, 2 Knoblauchzehen, 10 Kirschtomaten,
5 Zweige Thymian, 2 EL Kokosöl (ersatzweise anderes Pflanzenöl),
1 EL Tomatenmark, 100 ml Rotwein, Salz, Pfeffer,
2 EL Kürbiskerne (nach Belieben)

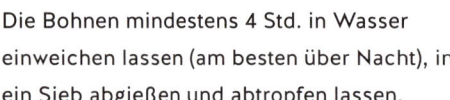

Für 2 Personen | 1 Std. Zubereitung | 4 Std. Einweichen

Die Bohnen mindestens 4 Std. in Wasser einweichen lassen (am besten über Nacht), in ein Sieb abgießen und abtropfen lassen.

Dann die Bohnen in **PFANNE 1** (oder einem Topf) mit Wasser bedecken. Das Wasser aufkochen. Bohnen in 30–45 Min. weich kochen lassen, dann erneut in ein Sieb abgießen.

Inzwischen den Halloumi in ca. 1 cm große Würfel schneiden. Die Zwiebel schälen und in feine Würfel schneiden. Die Paprikaschote längs halbieren, putzen, entkernen, waschen und in feine Streifen schneiden.

Den Knoblauch schälen und in Scheiben schneiden. Die Kirschtomaten waschen und halbieren. Thymian abbrausen und trocken schütteln. Die Blättchen abstreifen.

Das Kokosöl in **PFANNE 2** (oder einem Wok) erhitzen. Halloumi, Zwiebelwürfel und Paprika darin bei mittlerer Hitze 5–6 Min. braten und dabei Farbe annehmen lassen.

Knoblauch und Bohnen hinzufügen und kurz mitbraten. Tomatenmark dazugeben und bei größerer Hitze ca. 2 Min. mit den übrigen Zutaten in der Pfanne oder im Topf rösten.

Dann den Rotwein angießen, aufkochen und etwas einkochen lassen. Die Kirschtomaten dazugeben. Etwas Wasser und die Thymianblättchen hinzufügen. Alles zugedeckt noch ca. 10 Min. schmoren. Den Eintopf mit Salz und Pfeffer abschmecken und nach Belieben mit Kürbiskernen bestreut servieren.

GEKOCHT IN
BROOME

Grünkerneintopf
mit grünen Bohnen und Mais

1 kleine Zwiebel, 1 kleiner Zucchino, 1 Handvoll grüne Bohnen (ca. 80 g),
1 Maiskolben (roh), 1 Handvoll Basilikumblättchen mit zarten Stielen,
2 EL Kokosöl (ersatzweise anderes Pflanzenöl), ¾ Tasse Grünkern (ca. 180 g),
3 EL Tomatenmark, 150 ml Rotwein, 2 EL Kapern, 2 Lorbeerblätter,
⅓ TL Chiliflocken, 2 Sternanis, Salz, Pfeffer,
Frühlingszwiebelgrün (nach Belieben)

Für 2 Personen | 50 Min. Zubereitung

ONE
PAN

PER ZUFALL ENTDECKTEN WIR DEN GRÜNKERN IN BROOME, ÜBERRASCHENDERWEISE IN EINEM ITALIENISCHEN CAFÉ. FÜR UNSEREN EINTOPF BESORGTEN WIR UNS DANN NOCH FRISCHES BIO-GEMÜSE, EINEN MAISKOLBEN UND BASILIKUM IM ORGANIC STORE.

Die Zwiebel schälen und in dünne Streifen schneiden. Den Zucchino waschen, putzen, längs halbieren und in Scheiben schneiden. Die Bohnen waschen, putzen und halbieren.

Den Maiskolben waschen. Die Maiskörner mit einem Messer vom Kolben schneiden. Basilikumblättchen in einem Sieb abbrausen, trocken tupfen und grob hacken.

Das Kokosöl in **PFANNE 1** (oder einem Topf) erhitzen. Die Zwiebelstreifen darin bei klei-

ner bis mittlerer Hitze 4–5 Min. dünsten und dabei leicht Farbe annehmen lassen.

Dann den Grünkern hinzufügen und kurz mitdünsten. Das Tomatenmark dazugeben und bei größerer Hitze kurz rösten. Den Rotwein angießen, aufkochen und etwas einkochen lassen. Die Maiskörner mit Kapern, Lorbeer, Chiliflocken und Sternanis hinzufügen.

Alles 30–40 Min. unter ständigem Rühren garen, dabei nach und nach gut 600 ml Wasser angießen. Nach knapp 20 Min. Garzeit die Bohnen und Zucchinischeiben dazugeben und bis zum Schluss mitgaren.

Den fertigen Eintopf mit Salz und Pfeffer abschmecken und das Basilikum unterrühren. Nach Belieben noch etwas Frühlingszwiebelgrün waschen, in Röllchen schneiden und über den Eintopf streuen.

GEKOCHT AM
CABLE BEACH IN
BROOME

Gebratene Melone
mit Tofu, Gemüse und Reis

¾ Tasse brauner Reis (ca. 180 g), Salz,
½ nicht zu reife Charentais-, Cantaloup- oder Cavaillon-Melone,
1 rote Paprikaschote, 250 g Tofu, 1 Handvoll Korianderblättchen mit zarten Stielen,
1 kleine Zwiebel, 1 rote Chilischote,
2 EL Kokosöl (ersatzweise anderes Pflanzenöl), 4 EL Sojasauce,
1 Limette, Pfeffer, 1 EL Cashewkerne (nach Belieben)

Für 2 Personen | 40 Min. Zubereitung

TWO PANS

Den braunen Reis in **PFANNE 1** (oder einem Topf) mit 1 ½ Tassen Salzwasser (ca. 450 ml) in 25–30 Min. zugedeckt gar kochen lassen, bis das Wasser vollkommen aufgesogen ist.

Die Melonenhälfte schälen, entkernen und in Würfel schneiden. Die Paprika längs halbieren, putzen, entkernen, waschen und in kleine Stücke schneiden. Den Tofu würfeln.

Das Koriandergrün in einem Sieb abbrausen, trocken tupfen und grob hacken. Die Zwiebel schälen und in kleine Würfel schneiden. Die Chili putzen, längs halbieren, entkernen, waschen und in feine Streifen schneiden.

Das Kokosöl in **PFANNE 2** (oder einem Wok) erhitzen. Die Melonenwürfel darin bei mittlerer Hitze kurz anbraten. Tofu- und Zwiebelwürfel sowie die Paprikastückchen hinzufügen und 3–5 Min. mitbraten.

Alles mit der Sojasauce ablöschen. Die Limette halbieren und mit der Hand über der Melonenmischung auspressen. Zum Schluss das Koriandergrün und die Chilistreifen hinzufügen. Das Gericht vorsichtig mit Salz und Pfeffer abschmecken und mit dem Reis servieren. Nach Belieben die Cashewkerne hacken und darüberstreuen.

Dinkelpasta mit Kürbissauce und Rote-Bete-Creme

Für Pasta und Sauce:

250 g Dinkelnudeln (z. B. Spiralen), Salz, 200 g Kürbis (z. B. Muskat),
4 Radieschen, 1 kleine Zwiebel, 4 Zweige Thymian,
2 EL Kokosöl (ersatzweise anderes Pflanzenöl), 200 ml Kokosmilch,
2–3 Kaffir-Limettenblätter, Pfeffer

Für die Rote-Bete-Creme:

150 g Ricotta, ½ frische Knolle Rote Bete, 1 Bio-Zitrone, Salz, Pfeffer

Für 2 Personen | 30 Min. Zubereitung

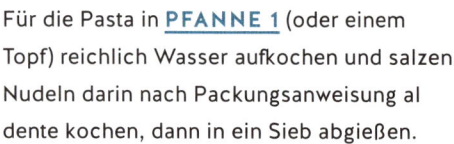

TWO
PANS

Für die Pasta in **PFANNE 1** (oder einem Topf) reichlich Wasser aufkochen und salzen. Nudeln darin nach Packungsanweisung al dente kochen, dann in ein Sieb abgießen.

Schon während das Wasser aufkocht, für die Kürbissauce das Kürbisstück schälen, entkernen und in kleine Würfel schneiden. Die Radieschen waschen, putzen und vierteln. Die Zwiebel schälen und in feine Würfel schneiden. Thymian abbrausen und trocken schütteln. Die Blättchen abstreifen.

Das Kokosöl in **PFANNE 2** (oder einem Topf) erhitzen. Die Zwiebelwürfel darin bei kleiner Hitze glasig andünsten. Kürbis und Radieschen hinzufügen und ca. 4 Min. mitdünsten.

Die Kokosmilch aus der Dose angießen und aufkochen, Thymian und Limettenblätter hinzufügen. Alles 15–20 Min. köcheln lassen, bis die Kürbiswürfel weich sind.

Inzwischen für die Rote-Bete-Creme Ricotta in eine Schüssel geben. Die Rote Bete schälen und mit einer Röstiraffel oder Reibe dazuraffeln. Die Zitrone heiß waschen und abtrocknen. Die Schale fein abreiben. Den Saft auspressen. Die Rote-Bete-Creme mit 1 TL Zitronenschale und etwas Zitronensaft, Salz und Pfeffer abschmecken.

Die fertige Kürbissauce mit Salz und Pfeffer abschmecken und in einer Schüssel mit den gekochten Dinkelnudeln mischen. Die Rote-Bete-Creme dazu servieren.

Bratkartoffeln mit Gemüse und Kokos-Kurkuma-Sauce

1 frische Knolle Rote Bete, 1 Möhre, 3 festkochende Kartoffeln, 1/6 Kopf Weißkohl,
1 Frühlingszwiebel, 1 Zwiebel, 1 Handvoll Korianderblättchen mit zarten Stielen,
3 EL Kokosöl (ersatzweise anderes Pflanzenöl), 2 Knoblauchzehen,
1 kleines Stück Ingwer (ca. 1 cm), 150 g Kokosmilch (aus der Dose),
1 TL Kurkumapulver, 2 Kaffir-Limettenblätter, Salz, Pfeffer

TWO PANS

Für 2 Personen | 30 Min. Zubereitung

DIESES GERICHT KOCHTEN WIR DIREKT AM STRAND – WÄHREND DAS MEER IN SCHÖNSTEM TÜRKIS SCHIMMERTE UND DIE SONNE SICH LANGSAM IHREN WEG RICHTUNG HORIZONT BAHNTE.

Die Rote Bete schälen und quer in dünne Scheiben schneiden. Die Möhre schälen und mit dem Sparschäler längs wie Bandnudeln in dünne Streifen schneiden. Die Kartoffeln schälen und in dünne Scheiben schneiden.

Das Weißkohlstück ohne den Strunk in feine Streifen schneiden oder hobeln. Die Frühlingszwiebel putzen, waschen und in feine Streifen schneiden. Die Zwiebel schälen und würfeln. Das Koriandergrün in einem Sieb abbrausen, trocken tupfen und grob hacken.

2 EL Kokosöl in **PFANNE 1** (oder einem Wok) erhitzen. Die Kartoffeln darin unter Wenden in 5–7 Min. goldbraun anbraten.

Dann die Hälfte der Zwiebelwürfel, die Weißkohl- und Möhrenstreifen sowie die Rote Bete hinzufügen. Alles bei kleiner Hitze zugedeckt garen, bis die Kartoffeln innen weich sind. Inzwischen für die Sauce den Knoblauch schälen und in feine Streifen schneiden. Ingwer schälen und fein hacken.

Den übrigen EL Kokosöl in **PFANNE 2** erhitzen. Ingwer, Knoblauch und die restlichen Zwiebelwürfel darin bei kleiner Hitze glasig andünsten. Die Kokosmilch angießen und bei größerer Hitze aufkochen. Kurkuma und Limettenblätter hinzufügen und die Sauce ca. 10 Min. einköcheln lassen, dann mit Salz und Pfeffer abschmecken.

Die Frühlingszwiebeln und das Koriandergrün zu der fertig gegarten Kartoffel-Weißkohl-Mischung geben. Die Mischung mit Salz und Pfeffer abschmecken und mit der Kokos-Kurkuma-Sauce servieren.

TWO PANS

Balsamico-Linsen mit Möhren und Fenchel

1 Zwiebel, 1 Möhre, 1 Knolle Fenchel, 1 kleines Stück Ingwer (ca. 1 cm),
3 Zweige Rosmarin, 1 Handvoll Minzeblättchen,
2 EL Kokosöl (ersatzweise anderes Pflanzenöl),
¾ Tasse grüne Puy-Linsen (ca. 180 g; ersatzweise Beluga-Linsen),
100 ml Aceto balsamico, 2 EL Tomatenmark, Salz, Pfeffer, 1 EL Honig (nach Belieben)

Für 2 Personen | 45 Min. Zubereitung

IN BROOME HATTEN WIR VIEL ZEIT, UM WUNDERBARE GERICHTE ZU ZAUBERN, Z. B. DIESE LINSEN. MIT EINEM GUTEN, DUNKLEN BALSAMICO ENTWICKELN SIE EIN EINZIGARTIGES AROMA.

Die Zwiebel schälen und halbieren. Die eine Hälfte fein würfeln, die andere grob. Die Möhre schälen und in ca. 2 cm große Würfel schneiden. Den Fenchel putzen, waschen und halbieren. Den Strunk entfernen. Den Fenchel in ca. 2 cm große Stücke schneiden.

Den Ingwer schälen und in feine Scheiben schneiden. Rosmarin abbrausen und trocken schütteln. Die Nadeln abstreifen und fein hacken. Die Minzeblättchen in einem Sieb abbrausen, trocken tupfen und fein hacken.

1 EL Kokosöl in **PFANNE 1** (oder einem Topf) erhitzen. Die feinen Zwiebelwürfel darin bei kleiner Hitze glasig andünsten.

Die Linsen und den Ingwer dazugeben und kurz mitdünsten. Balsamico dazugießen und bei größerer Hitze kurz einkochen lassen.

Die Linsen in 20–30 Min. unter ständigem Rühren gar kochen lassen, dabei nach und nach 300–500 ml Wasser angießen.

Inzwischen in **PFANNE 2** den restlichen EL Kokosöl erhitzen. Die übrigen Zwiebelwürfel, Möhren- und Fenchelstücke darin bei mittlerer Hitze anbraten. Das Tomatenmark dazugeben und kurz mitrösten. Alles mit etwas Wasser ablöschen und den Rosmarin hinzufügen. Das Möhren-Fenchel-Gemüse in ca. 15 Min. zugedeckt weich garen. Zum Schluss mit Salz und Pfeffer abschmecken.

Die gegarten Linsen ebenfalls mit Salz und Pfeffer würzen und die Minze unterrühren. Die Linsen nach Belieben noch mit Honig süßen und mit dem Gemüse anrichten.

Kartoffelpüree mit Cashewkernen und Rotkohl

Für den Rotkohl:

1 kleines Stück Ingwer (ca. 1 cm), 1 rote Zwiebel, 1 süßer Apfel, ¼ Kopf Rotkohl,
2 EL Kokosöl (ersatzweise anderes Pflanzenöl), 2 Lorbeerblätter, 3 Sternanis,
1 Zimtstange, 100 ml Rotwein, 1 EL Honig, Salz, Pfeffer

Für das Kartoffelpüree:

4 mehligkochende Kartoffeln, 1 kleine Handvoll Cashewkerne,
2 Stängel Majoran, 1 EL saure Sahne, 1 Prise frisch geriebene Muskatnuss,
Salz, Pfeffer, 1 EL Erdnusskerne (nach Belieben)

TWO PANS

Für 2 Personen | 45 Min. Zubereitung

Für den Rotkohl Ingwer und Zwiebel schälen und in feine Streifen schneiden. Den Apfel waschen und nach Belieben schälen, das Kerngehäuse entfernen und den Apfel in sehr feine Streifen schneiden. Den Rotkohl putzen und ohne den Strunk ebenfalls in sehr feine Streifen schneiden oder hobeln.

Das Kokosöl in **PFANNE 1** (oder einem Topf) erhitzen. Ingwer- und Zwiebelstreifen darin bei kleiner Hitze kurz andünsten.

Die Apfel- und Rotkohlstreifen dazugeben und 3–4 Min. mitdünsten. Lorbeer, Sternanis und Zimtstange dazugeben. Den Rotwein angießen und bei größerer Hitze kurz einkochen lassen. Dann 100 ml Wasser dazugießen und den Rotkohl zugedeckt in ca. 20 Min. weich kochen lassen.

Inzwischen die Kartoffeln schälen, in grobe Würfel schneiden und in **PFANNE 2** (oder einem Topf) zugedeckt in wenig Wasser in ca. 20 Min. weich dämpfen.

Dann das Wasser abgießen und die Kartoffeln mit einer Gabel zerdrücken. Die Cashewkerne bis auf einen kleinen Rest zerdrücken und unterrühren. Den Majoran abbrausen und trocken schütteln. Die Blättchen abzupfen, hacken und zusammen mit der Sahne zu den Kartoffeln geben. Das Püree mit Muskatnuss, Salz und Pfeffer abschmecken.

Den gegarten Rotkohl mit dem Honig süßen, mit Salz und Pfeffer abschmecken und mit dem Kartoffelpüree servieren. Die übrigen Cashewkerne und nach Belieben auch noch die Erdnusskerne darüberstreuen.

Unser Camping-Hack

»Wenn Du Püree machen willst und Du hast keinen Kartoffelstampfer, dann kauf unbedingt mehligkochende Kartoffeln. Nach dem Dämpfen in wenig Wasser lassen sie sich ganz leicht mit einer normalen Gabel zerdrücken. Besonders fluffig wird das Püree, wenn Du die saure Sahne mit einem Schneebesen unterrührst.«

Curry-Buchweizen mit Pilzen und Gemüse

Für den Curry-Buchweizen:

1 kleine Zwiebel, 2 große Portobello-Pilze, 1 EL Kokosöl (ersatzweise anderes Pflanzenöl),
¾ Tasse Buchweizen (ca. 180 g), 1–2 EL gelbe Currypaste, Salz, Pfeffer

Für das Gemüse:

5 Baby-Möhren, 1 Handvoll Petersilienblättchen mit zarten Stielen,
2 Handvoll Zuckerschoten (ca. 150 g),
1 EL Kokosöl (ersatzweise anderes Pflanzenöl),
½ TL gemahlener Koriander, Salz, Pfeffer

Für 2 Personen | 40 Min. Zubereitung

TWO
PANS

Für den Curry-Buchweizen die Zwiebel schälen und fein würfeln. Die Portobello-Pilze abreiben und in kleine Stücke schneiden.

Das Kokosöl in **PFANNE 1** (oder einem Topf) erhitzen. Die Zwiebelwürfel und Portobello-Pilze darin bei kleiner Hitze kurz andünsten. Den Buchweizen hinzufügen und kurz mitdünsten. Die Currypaste dazugeben und ganz kurz bei größerer Hitze mitrösten.

1½ Tassen Wasser (ca. 450 ml) dazugießen und aufkochen. Den Buchweizen zugedeckt ca. 15 Min. köcheln lassen, bis er weich ist, dabei gelegentlich umrühren. Falls nötig, noch etwas Wasser dazugeben.

Inzwischen für das Gemüse die Möhren schälen und längs halbieren. Petersilie in einem Sieb abbrausen, trocken tupfen und grob hacken. Die Zuckerschoten waschen.

Das Kokosöl in **PFANNE 2** erhitzen. Die Möhrenhälften mit der Schnittfläche nach unten darin bei mittlerer Hitze goldbraun anbraten. Die Zuckerschoten mit dem gemahlenen Koriander hinzufügen und kurz in der Pfanne schwenken. Alles bei kleinster Hitze in ca. 5 Min. bissfest garen. Dann die Petersilie dazugeben und das Gemüse mit Salz und Pfeffer abschmecken.

Den fertigen Curry-Buchweizen ebenfalls mit Salz und Pfeffer abschmecken und mit dem gegarten Gemüse anrichten.

Würzige Hirsebällchen mit Rahmgemüse

TWO PANS

Für die Hirsebällchen:

½ Tasse Hirse (ca. 120 g), Salz, 1 kleine Zwiebel,
½ Handvoll Basilikumblättchen mit zarten Stielen, 2 TL rosenscharfes Paprikapulver,
Pfeffer, 2 EL Kokosöl (ersatzweise anderes Pflanzenöl)

Für das Rahmgemüse:

3 Knoblauchzehen, 2 Möhren, 2 Frühlingszwiebeln, 2 Handvoll grüne Bohnen (100–150 g),
1 EL Kokosöl (ersatzweise anderes Pflanzenöl), 100 ml Weißwein, 150 g Sahne,
1 TL gemahlener Kreuzkümmel, Salz, Pfeffer

Für 2 Personen | 50 Min. Zubereitung

Für die Hirsebällchen die Hirse in **PFANNE 1** (oder in einem Topf) in reichlich Salzwasser nach Packungsanweisung sehr weich kochen lassen, in ein Sieb abgießen und in einer Schüssel abkühlen lassen. Pfanne säubern.

Inzwischen die Zwiebel schälen und würfeln. Basilikumblättchen in einem Sieb abbrausen, trocken tupfen und fein hacken. Zwiebelwürfel und Basilikum mit dem Paprikapulver unter die gegarte Hirse mischen. Die Masse mit Salz und Pfeffer kräftig würzen.

Für das Rahmgemüse den Knoblauch schälen und in feine Scheiben schneiden. Die Möhren schälen, halbieren und schräg in dünne Streifen schneiden. Die Frühlingszwiebeln putzen, waschen und fein schneiden. Die Bohnen waschen, putzen und halbieren.

Aus der abgekühlten Hirsemasse mit den Händen kleine Kugeln formen und diese jeweils fest zusammendrücken.

Das Kokosöl für die Bällchen in **PFANNE 2** erhitzen. Die Hirsebällchen darin bei mittlerer Hitze insgesamt 6–8 Min. braten, bis sie rundherum goldbraun sind.

Gleichzeitig das Kokosöl für das Gemüse in **PFANNE 1** (oder einem Topf) erhitzen. Knoblauch, Möhren, Frühlingszwiebeln und Bohnen darin 3–4 Min. andünsten. Den Weißwein angießen und kurz einkochen. Die Sahne dazugeben und das Gemüse in 4–6 Min. bissfest köcheln lassen. Das Rahmgemüse mit dem gemahlenem Kreuzkümmel, Salz und Pfeffer abschmecken und mit den Hirsebällchen servieren.

GEKOCHT IN
BROOME

Tomaten-Basilikum-Pancakes mit Dattel-Spinat

8 in Öl eingelegte, getrocknete Tomaten, 1 Handvoll Basilikumblättchen
mit zarten Stielen, 180 ml Vollmilch, ca. 8 EL Dinkelmehl, 2 Eier (M),
1 TL Backpulver, Salz, Pfeffer, 150 g Blattspinat, 6 Datteln (entsteint), 1 kleine Zwiebel,
5 EL Pinienkerne, 2 TL Honig zum Beträufeln

Außerdem:
Kokosöl (ersatzweise anderes Pflanzenöl) zum Braten

TWO PANS

Für 2 Personen | 40 Min. Zubereitung

WIE DIE AMIS LIEBEN AUCH DIE AUSSIES SÜSSE PANCAKES ZUM FRÜHSTÜCK UND NENNEN SIE PIKELETS. ZUM LUNCH IM VAN HABEN WIR SIE HERZHAFT GEWÜRZT. EIN LÖFFELCHEN HONIG RUNDET ABER AUCH UNSERE VARIANTE PERFEKT AB.

Für die Pancakes die getrockneten Tomaten abtropfen lassen und in feine Streifen schneiden. Basilikumblättchen in einem Sieb abbrausen, trocken tupfen und grob hacken.

Die Milch mit 6 EL Dinkelmehl, Eiern und Backpulver in eine Schüssel geben und zu einem dickflüssigen Pfannkuchenteig verrühren. Falls nötig, noch etwas Mehl unterrühren. Die getrockneten Tomaten mit dem gehackten Basilikum untermischen. Den Teig mit Salz und Pfeffer abschmecken.

Den Spinat verlesen und waschen. Die Datteln fein würfeln. Die Zwiebel schälen und ebenfalls in feine Würfel schneiden.

1 EL Kokosöl in **PFANNE 1** (oder einem Topf) erhitzen. Dattel- und Zwiebelwürfel darin bei kleiner Hitze glasig andünsten. Den Blattspinat dazugeben und 3–4 Min. mitdünsten, dann mit Salz und Pfeffer abschmecken.

Gleichzeitig reichlich Kokosöl zum Braten in **PFANNE 2** erhitzen. Für jeden Pancake je ca. 2 EL Pfannkuchenteig hineingeben und jeweils bei mittlerer Hitze in 3–5 Min. von beiden Seiten goldbraun braten. Dann die Pancakes heiß aus der Pfanne mit dem Dattel-Spinat anrichten. Die Pinienkerne über den Spinat streuen und den Honig zum Beträufeln separat dazu servieren.

Honig-Minze-Quinoa mit Orangen-Fenchel

TWO PANS

Für die Honig-Minze-Quinoa:

1 Tasse Quinoa (ca. 300 g), Salz, ½ Handvoll Minzeblättchen,
2 TL Honig, Pfeffer

Für den Orangen-Fenchel:

1 große Knolle Fenchel, 1 kleines Stück Ingwer (ca. 1,5 cm),
1 Orange, 1 Bio-Limette, 2 Lorbeerblätter, ⅓ Zimtstange, Salz, Pfeffer

Für 2 Personen | 45 Min. Zubereitung

Die Quinoa in einem Sieb waschen, dann in **PFANNE 1** (oder einem Topf) in reichlich kochendem Salzwasser in ca. 20 Min. weich kochen lassen und in ein Sieb abgießen.

In der Zwischenzeit für den Orangen-Fenchel den Fenchel putzen, waschen und halbieren. Den Strunk entfernen und den Fenchel in ca. 2 cm große Stücke schneiden.

Den Ingwer schälen und in kleine Würfel schneiden. Die Orange sehr großzügig schälen und in Filets teilen, diese würfeln.

Die Limette heiß waschen und abtrocknen. Schale fein abreiben und mit dem Fenchel, Ingwer, Lorbeerblatt und der Zimtstange in **PFANNE 2** (oder einen Topf) geben.

200 ml Wasser zum Fenchel gießen, aufkochen und alles zugedeckt 10–15 Min. köcheln lassen, bis der Fenchel gegart ist.

Für die Quinoa die Minzeblättchen in einem Sieb abbrausen, trocken tupfen und fein hacken. Quinoa mit Minze und Honig vermischen und mit Salz und Pfeffer abschmecken.

Den Fenchel mit den Orangenstückchen mischen, mit Salz und Pfeffer abschmecken und mit der Honig-Minze-Quinoa anrichten.

TWO
PANS

Kürbis-Nuss-Stampf mit Rahmlauch

Für den Kürbis-Nuss-Stampf:

400 g Kürbis (z. B. Muskat), je 2 EL Mandeln, Cashew- und Walnusskerne, 3 Zweige Rosmarin,
2 EL Kokosöl (ersatzweise anderes Pflanzenöl), Salz, Pfeffer

Für den Rahmlauch:

1 kleine Stange Lauch, 1 kleine Zwiebel, 2 Knoblauchzehen, 3 Zweige Thymian,
1 EL Kokosöl (ersatzweise anderes Pflanzenöl), 100 ml trockener Weißwein,
300 g Sahne, Salz, Pfeffer, ½ Handvoll Kürbiskerne zum Bestreuen (nach Belieben)

Für 2 Personen | 40 Min. Zubereitung

KÜRBIS EIGNET SICH GUT ALS ERSATZ FÜR KARTOFFELN – OB FÜR GNOCCHI ODER ALS STAMPF. UND ALS WIR IN BROOME WAREN, LIEFEN UNS DIE KÜRBISSE FÖRMLICH ÜBER DEN WEG …

Für den Kürbis-Nuss-Stampf das Kürbisstück schälen, entkernen, in grobe Würfel schneiden und in **PFANNE 1** (oder einem Topf) mit wenig Wasser bedeckt bei mittlerer Hitze in ca. 20 Min. weich kochen lassen. Kürbiswürfel abgießen und etwas abkühlen lassen, dann mit einer Gabel grob zerdrücken.

Die Mandeln und die Nüsse klein hacken. Den Rosmarin abbrausen und trocken schütteln. Die Nadeln abstreifen, fein hacken und mit den Mandeln, den Nüssen und dem Kokosöl zum Kürbisstampf geben. Den Stampf mit Salz und Pfeffer abschmecken.

Während der Kürbis-Kochzeit den Lauch waschen, putzen, längs halbieren und in breite Streifen schneiden. Zwiebel und Knoblauch schälen. Die Zwiebel in feine Streifen, den Knoblauch in Scheiben schneiden. Den Thymian abbrausen und trocken schütteln, die Blättchen abstreifen und hacken.

Das Kokosöl in **PFANNE 2** (oder einem Topf) erhitzen. Die Zwiebel und den Knoblauch darin bei kleiner Hitze andünsten. Den Lauch dazugeben und 2–3 Min. mitdünsten.

Den Weißwein angießen und bei größerer Hitze einkochen lassen. Die Sahne dazugeben. Alles 4–6 Min. bei kleiner Hitze köcheln lassen. Thymian untermischen. Den Rahmlauch mit Salz und Pfeffer abschmecken, mit dem Kürbis-Nuss-Stampf anrichten und nach Belieben noch mit Kürbiskernen bestreuen.

114

Unser Camping-Hack

»Für große Kocharien war unser Van nicht ausgestattet:
Es gab einen Topf, eine Bratpfanne, einen Wok, ein
Schneidbrett. Aus der heimischen Küche unbedingt
mitbringen: ein richtig scharfes Messer! Das reicht dann aber
auch schon. Mixer, Waage, Küchenmaschine – braucht es
nicht! Sondern nur ein paar topfrische Zutaten, spannende
Gewürze, eine Handvoll Fantasie und zwei Pfannen!«

Linsenpuffer mit Auberginen und Feta

2 kleine Auberginen, 2 EL Aceto balsamico, 2 EL Olivenöl, Salz, Pfeffer, 6 in Öl eingelegte, getrocknete Tomaten, 150 g Schafskäse (Feta), 1 kleine Zwiebel, ¾ Tasse rote Linsen (ca. 225 g), 2 Kaffir-Limettenblätter, 1 Zweig Rosmarin, 3 Stängel Majoran, 1 EL Dinkelmehl

Außerdem:

Kokosöl (ersatzweise anderes Pflanzenöl) zum Braten

Für 2 Personen | 1 Std. Zubereitung

Die Auberginen der Länge nach in ca. ½ cm breite Scheiben schneiden und in **PFANNE 1** (möglichst beschichtet) ohne Fett bei mittlerer bis großer Hitze in 8–10 Min. von beiden Seiten goldbraun braten. Die Auberginenscheiben auf einen Teller legen und zugedeckt etwas abkühlen lassen.

Balsamico, Olivenöl, Salz und Pfeffer verrühren. Die abgekühlten Auberginen damit beträufeln und bis zum Servieren marinieren.

Inzwischen die getrockneten Tomaten abtropfen lassen und in feine Streifen schneiden. Den Feta mit den Händen zerbröckeln. Die Zwiebel schälen und fein würfeln.

1 EL Kokosöl in **PFANNE 2** (oder einem Topf) erhitzen. Die Zwiebelwürfel darin bei kleiner Hitze glasig andünsten. Die Linsen mit 1 Tasse Wasser (ca. 300 ml) und Limettenblättern dazugeben. 20–30 Min. unter Rühren

bei mittlerer Hitze kochen lassen, bis eine dickflüssige Masse entsteht. Falls nötig, noch etwas Wasser (max. 150 ml) angießen.

Den Rosmarin und den Majoran abbrausen und trocken schütteln, die Nadeln bzw. Blättchen abstreifen bzw. abzupfen und fein hacken. Die Kräuter unter die Linsenmasse mischen, die Limettenblätter herausnehmen. Die Linsen mit Salz und Pfeffer abschmecken. Das Dinkelmehl unterrühren.

Reichlich Kokosöl in **PFANNE 1** erhitzen. Für jeden Linsenpuffer je 2 gehäufte EL Linsenmasse hineingeben. Die Puffer jeweils bei mittlerer Hitze in insgesamt ca. 5 Min. von beiden Seiten goldbraun braten.

Die Linsenpuffer heiß aus der Pfanne mit den marinierten Auberginen anrichten, mit den getrockneten Tomaten und dem Feta bestreuen und alles sofort servieren.

Unser Camping-Hack

»Frische Kräuter übrig? Verpack sie in einer Plastiktüte! Tüte aufblasen, verknoten oder mit einem Gummi verschließen und kühl lagern. So bleiben sie noch ein paar Tage frisch. Majoran, Oregano, Thymian oder Rosmarin kannst Du auch zu einem Sträußchen zusammenbinden und irgendwo mit den Blättern nach unten aufhängen. Die getrockneten Blättchen liefern sogar noch mehr Aroma.«

Mango-Kokos-Suppe mit Papaya und Avocado

ONE PAN

1 sehr weiche Mango, 1 kleine Zwiebel, ½ rote Chilischote,
1 Handvoll Korianderblättchen mit zarten Stielen,
1 EL Kokosöl (ersatzweise anderes Pflanzenöl), 1 TL Kurkumapulver,
1 TL Currypulver, 3 EL trüber Apfelessig, 1 Dose Kokosmilch (400 g),
100 g nicht zu reife Papaya, 1 Avocado, Salz, Pfeffer

Für 2 Personen | 30 Min. Zubereitung

DIE HAUPTZUTAT FÜR DIESE SUPPE HABEN WIR IM KINO GEERNTET: IM OUTDOOR-CINEMA STAND NEBEN DER GROSSLEINWAND EIN RIESIGER MANGOBAUM UND DIE REIFEN, DUFTENDEN FRÜCHTE DARUNTER WARTETEN NUR DARAUF, MITGENOMMEN ZU WERDEN.

Die Mango schälen. Das Fruchtfleisch vom Stein schneiden und in sehr kleine Würfel schneiden. Die Würfel in eine Schüssel geben und mit einer Gabel zerdrücken.

Die Zwiebel schälen und fein würfeln. Chili putzen, entkernen, waschen und fein schneiden. Das Koriandergrün in einem Sieb abbrausen, trocken tupfen und grob hacken.

Das Kokosöl in **PFANNE 1** (oder einem Topf) erhitzen. Die Zwiebelwürfel darin bei kleiner Hitze glasig andünsten. Die Mangomasse hinzufügen und kurz mitdünsten.

Die Mangomasse mit Kurkuma- und Currypulver bestreuen. Den Apfelessig dazugeben und kurz einkochen lassen, dann die Kokosmilch und die Chili hinzufügen.

Die Suppe aufkochen und 10–15 Min. bei kleiner Hitze köcheln lassen. Inzwischen das Papayastück und die Avocado schälen, beides entkernen und klein würfeln.

Die Papaya- und Avocadowürfel mit dem Koriandergrün in die Suppe geben. Die Mango-Kokos-Suppe nach Belieben noch mit etwas Wasser verdünnen, mit Salz und Pfeffer abschmecken und heiß servieren.

Orangen-Couscous mit Wurzelgemüse

TWO PANS

Für den Orangen-Couscous:

1 Bio-Orange, Salz, Pfeffer, 3 Kaffir-Limettenblätter, ⅓ TL gemahlener Kreuzkümmel,
¾ Tasse Couscous (ca. 250 g), ½ Handvoll Dillspitzen

Für das Wurzelgemüse:

1 Möhre, 1 Petersilienwurzel, 5 Radieschen, 1 kleine Zwiebel, 1 kleines Stück Ingwer (ca. 1 cm),
1 Handvoll Petersilienblättchen mit zarten Stielen,
2 EL Kokosöl (ersatzweise anderes Pflanzenöl), 2 Lorbeerblätter,
¼ TL frisch geriebene Muskatnuss, Salz, Pfeffer

Für 2 Personen | 40 Min. Zubereitung

Die Orange heiß waschen und abtrocknen. Schale fein abreiben. Knapp 1¼ Tassen Wasser (ca. 330 ml) in **PFANNE 1** (oder einem Topf) mit wenig Salz, Pfeffer, Limettenblättern, Kreuzkümmel und der Orangenschale aufkochen. Den Couscous dazugeben und auf der abgeschalteten Herdplatte zugedeckt ca. 15 Min. ziehen lassen, dabei die Körnchen ab und zu mit einer Gabel auflockern.

Inzwischen die Orange sehr großzügig schälen und in Filets teilen, diese würfeln. Die Dillspitzen in einem Sieb abbrausen, trocken tupfen, hacken und mit den Orangen zum Couscous geben. Couscous beiseitestellen.

Für das Wurzelgemüse die Möhre und die Petersilienwurzel putzen, schälen und jeweils in ca. 2 cm große Würfel schneiden.

Die Radieschen waschen, putzen und längs vierteln. Die Zwiebel schälen und fein würfeln. Den Ingwer schälen und in feine Streifen schneiden. Die Petersilie in einem Sieb abbrausen, trocken tupfen und fein hacken.

Das Kokosöl in **PFANNE 2** (oder einem Topf) erhitzen. Die Möhren- und Petersilienwurzelwürfel, die Radieschen und den Ingwer darin bei mittlerer Hitze ca. 4 Min. andünsten, dann ½ Tasse Wasser (ca. 150 ml) angießen und aufkochen. Lorbeerblätter dazugeben.

Das Wurzelgemüse mit Muskatnuss sowie Salz und Pfeffer würzen und zugedeckt in 10–12 Min. bissfest garen. Zum Schluss die Petersilie untermischen. Das Wurzelgemüse nochmals abschmecken und mit dem lauwarmen Orangen-Couscous servieren.

Weißkohl-Kartoffel-Suppe mit Petersilien-Pesto

ONE PAN

Für die Suppe:

1/6 Kopf Weißkohl, 2 festkochende Kartoffeln, 1 Zwiebel, 3 Knoblauchzehen,
10 Zweige Thymian, 1 EL Kokosöl (ersatzweise anderes Pflanzenöl), 2 EL Paprikapulver,
100 ml Weißwein, 800 ml Gemüsebrühe (Instant), 2 Lorbeerblätter, 2 Nelken, Salz, Pfeffer

Für das Pesto:

1 Handvoll Petersilienblättchen mit zarten Stielen,
1 kleine Handvoll Pinienkerne, 5 EL Olivenöl, 20–30 g ital. Hartkäse, Salz, Pfeffer

Für 2 Personen | 40 Min. Zubereitung

TAGELANG AUF STAUBIGEN STRASSEN, IM KÜHLSCHRANK NUR NOCH EIN KLEINER REST WEISSKOHL, ETWAS THYMIAN UND PETERSILIE. DOCH DARAUS WURDE – »ZACK UND FERTIG!« – DANN DOCH NOCH EIN RICHTIG SCHÖNER EINTOPF.

Für die Suppe den Weißkohl ohne den Strunk in feine Streifen oder Stückchen schneiden. Kartoffeln schälen und würfeln.

Die Zwiebel schälen und fein würfeln. Den Knoblauch schälen und in dünne Scheiben schneiden. Thymian abbrausen und trocken schütteln. Die Blättchen abstreifen.

Das Kokosöl in **PFANNE 1** erhitzen. Die Zwiebelwürfel und den Weißkohl darin bei mittlerer Hitze braten und dabei Farbe annehmen lassen. Knoblauch hinzufügen.

Alles mit dem Paprikapulver bestäuben. Den Weißwein angießen und bei großer Hitze etwas einkochen lassen, dann die Gemüsebrühe angießen und aufkochen.

Kartoffeln, Thymian, Lorbeerblätter und Nelken hinzufügen. Den Eintopf ca. 25 Min. kochen lassen, bis die Kartoffeln weich sind.

Inzwischen für das Pesto die Petersilie in einem Sieb abbrausen, trocken tupfen und sehr fein hacken. Die Pinienkerne ebenfalls sehr fein hacken. Pinienkerne und Petersilie mit dem Olivenöl vermischen. Den Hartkäse dazureiben und untermischen. Das Petersilien-Pesto mit Salz und Pfeffer abschmecken.

Die Weißkohl-Kartoffel-Suppe ebenfalls mit Salz und Pfeffer abschmecken und mit dem Petersilien-Pesto servieren.

TWO PANS

Veggie-Adobo mit Panir und Baby-Maiskolben

3 festkochende Kartoffeln, 1 Zwiebel, 200 g indischer Panirkäse, 3 Knoblauchzehen,
½ Handvoll Korianderblättchen mit zarten Stielen, 1 kleines Stück rote Chilischote,
100 g Baby-Maiskolben, 1 EL Kokosöl (ersatzweise anderes Pflanzenöl),
150 ml Sojasauce, 150 ml Apfelessig, 3 Lorbeerblätter,
1 Zimtstange, 3 Sternanis, 2 Nelken, 3 EL Vollrohrzucker, Pfeffer

Für 2 Personen | 40 Min. Zubereitung

DAS PHILIPPINISCHE ADOBO IST EINES UNSERER LIEBLINGSGERICHTE – OB IN MANILA, LUZERN ODER IN DER NÄHE VON DARWIN: HAUPTSACHE, ES DUFTET NACH ZIMT, NELKEN UND STERNANIS!

Kartoffeln und Zwiebel schälen und würfeln. Panir würfeln. Knoblauch schälen und zerdrücken. Koriandergrün in einem Sieb abbrausen, trocken tupfen und hacken. Chili putzen, entkernen, waschen und fein schneiden. Die Baby-Maiskolben längs halbieren.

Das Kokosöl in PFANNE 1 (oder einem Wok) erhitzen. Zwiebel- und Kartoffelwürfel darin bei mittlerer Hitze 5–7 Min. braten. Sojasauce und Essig angießen und 2–3 Min. köcheln lassen. Dann 1 Tasse Wasser (ca. 300 ml) angießen. Chili, Mais, Lorbeer, Zimtstange, Sternanis und Nelken dazugeben. Alles 15–20 Min. zugedeckt köcheln lassen, bis die Kartoffeln weich sind.

Inzwischen für den Karamell den Vollrohrzucker in PFANNE 2 (oder einem Topf) bei mittlerer Hitze mit wenig Wasser unter ständigem Rühren schmelzen. Vorsicht! Der Zucker darf nicht verbrennen. Sobald er zum größten Teil geschmolzen ist und eine goldbraune Farbe angenommen hat, den Zucker mit ca. 50 ml Wasser ablöschen und dieses so lange köcheln lassen, bis ein leicht dickflüssiger Karamell entsteht.

Wenn die Kartoffeln gegart sind, Panirwürfel hinzufügen und ca. 2 Min. mitköcheln lassen.

Zum Schluss gut die Hälfte des vorbereiteten Karamells zum Adobo geben. Alles noch einmal kurz unter Rühren aufkochen, dann abschmecken und – je nach gewünschter Süße – noch den übrigen Karamell unterrühren. Das Koriandergrün dazugeben, das Veggie-Adobo mit Pfeffer würzen, nochmals abschmecken und servieren.

Spargel-Sellerie-Salat mit Erdbeeren

NO PAN

8 grüne Spargelstangen, 2 Stangen Staudensellerie,
1 süßer Apfel, 5 Erdbeeren, ½ Handvoll Minzeblättchen,
4 EL trüber Apfelessig, 5 EL Rapsöl,
1–2 TL Honig, ½ Limette, Salz, Pfeffer

Für 2 Personen | 20 Min. Zubereitung | 30 Min. Marinieren

Die Spargelstangen waschen, trocken tupfen und im unteren Drittel schälen. Holzige Enden großzügig wegschneiden. Spargel schräg in feine Scheiben schneiden. Die Selleriestangen mit dem Sparschäler schälen, waschen und in feine Würfel schneiden.

Den Apfel waschen und nach Belieben schälen, das Kerngehäuse entfernen und den Apfel in feine Würfel schneiden. Die Erdbeeren waschen, entkelchen und vierteln. Die Minzeblättchen in einem Sieb abbrausen, trocken tupfen und grob hacken.

Den Apfelessig mit dem Rapsöl und dem Honig in einer Schüssel verrühren. Die Limettenhälfte mit der Hand über der Schüssel auspressen und den Saft unterrühren. Das Dressing mit Salz und Pfeffer abschmecken.

Spargel, Sellerie- und Apfelwürfel, Erdbeeren und Minze dazugeben und alles vermischen. Den Salat ca. 30 Min. ziehen lassen, dabei mehrmals gut umrühren, dann servieren.

Schlangenbrot mit Honig und Tahin

6 EL Dinkelvollkornmehl, 1 EL Honig, 1 EL Tahin (Sesampaste),

1 EL Kokosöl (ersatzweise anderes Pflanzenöl),

grobkörniges Meersalz

Außerdem:

2 Holzstäbe

NO PAN

Für 2 Personen | 20 Min. Zubereitung

IM LITCHFIELD NATIONALPARK HATTEN WIR KEINE HEFE ZUR VERFÜGUNG, DAS CAMPFIRE-SCHLANGENBROT IST ABER TROTZDEM PRIMA GELUNGEN. ALLERDINGS WAR ES NACH DER DÄMMERUNG NICHT DIE EINZIGE SCHLANGE, DER WIR DRAUSSEN BEGEGNET SIND.

Das Dinkelvollkornmehl mit 8 EL Wasser in eine Schüssel geben. Honig, Tahin und Kokosöl dazugeben und alles gut miteinander vermischen. Falls der Teig noch zu trocken ist, etwas mehr Wasser untermischen, falls er zu feucht ist, noch etwas Mehl dazugeben.

Den Teig mit 1 Prise Meersalz würzen und in zwei Portionen teilen. Jede Portion zu einem dünnen Strang ausrollen und formen. Die beiden Teigstränge dann jeweils spiralförmig rund um einen Holzstab wickeln.

Das Schlangenbrot in ca. 10 Min. knapp über einer heißen Glut backen, dabei immer wieder drehen, damit es rundum schön bräunt.

Unser Camping-Hack

»Lagerfeuer geplant? In Australien informieren in gefährdeten Gebieten große Schilder, wie hoch die Buschbrandgefahr ist. Campfire also nur anfachen, wenn der Zeiger der »Fire Danger Rating« auf Grün (low moderate) steht!«

Vanille-Kakao-Kartoffeln mit geschmortem Mangold

TWO PANS

Für die Vanille-Kakao-Kartoffeln:

6 festkochende Kartoffeln, 10 Kakaobohnen, 1 Vanillestange, 1 EL Kokosöl
(ersatzweise anderes Pflanzenöl), Salz, Pfeffer, 2 Prisen frisch geriebene Muskatnuss

Für den Mangold:

1 kleine Zwiebel, 4 Stängel Stielmangold (ersatzweise 1 kleine Staude Mangold),
1 Stängel Zitronengras, ½ Granatapfel,
1 EL Kokosöl (ersatzweise anderes Pflanzenöl), 200 ml Apfelsaft, Salz, Pfeffer

Für 2 Personen | 45 Min. Zubereitung

Die Kartoffeln schälen und würfeln. Die Kakaobohnen grob hacken. Die Vanillestange längs halbieren, das Mark herauskratzen.

Für den Mangold die Zwiebel schälen und in feine Würfel schneiden. Den Stielmangold waschen und putzen. Die Blätter abschneiden und halbieren oder vierteln. Die Stiele quer in feine Stücke schneiden.

Das Zitronengras waschen. Den unteren Teil mit der Klinge eines breiten Messers andrücken. Die Kerne mit einem spitzen Messer aus dem Granatapfel herauslösen.

Für die Kartoffeln 1 EL Kokosöl in **PFANNE 1** erhitzen. Die Kartoffeln darin bei mittlerer Hitze in ca. 10–15 Min. goldbraun braten, dabei ab und zu wenden. Wenn die Kartoffeln außen leicht knusprig und innen weich

sind, die Kakaobohnen mit Vanillestange und -mark dazugeben. Die Kartoffeln mit Salz, Pfeffer und Muskatnuss würzen.

Während die Kartoffeln braten, in **PFANNE 2** (oder einem Topf) das Kokosöl für den Mangold erhitzen. Die Zwiebelwürfel darin bei kleiner Hitze glasig dünsten. Die Mangoldstiele hinzufügen und 2–3 Min mitdünsten.

Den Apfelsaft angießen und aufkochen. Den Zitronengrasstängel dazugeben. Alles 5–7 Min. köcheln lassen und mit Salz und Pfeffer würzen. Dann die Mangoldblätter dazugeben und 2–3 Min. zugedeckt mitgaren. Das Zitronengras entfernen.

Das Mangoldgemüse mit den gebratenen Vanille-Kakao-Kartoffeln anrichten und mit den Granatapfelkernen bestreuen.

Buchweizen mit Papaya-Grapefruit-Salat

1 kleines Stück Ingwer (ca. 1 cm), 1 Tasse Buchweizen (ca. 240 g),
1 TL Kurkumapulver, 2 EL Currypulver, 2 Kaffir-Limettenblätter, Salz,
Pfeffer, ½ kleine Papaya, 1 Pink Grapefruit, 1 Mini-Gurke,
1 Handvoll Minzeblättchen, 2 Handvoll Blattspinat (ca. 50 g),
1 Limette, 3 EL Sojasauce, ½ EL Honig, 2 EL Sesamöl

ONE PAN

Für 2 Personen | 30 Min. Zubereitung

Den Ingwer schälen und in feine Würfel schneiden. Den Buchweizen mit Kurkumapulver, Currypulver, Limettenblättern, Ingwer, Salz, Pfeffer und 2 ½ Tassen Wasser (ca. 750 ml) in **PFANNE 1** (oder einen Topf) geben. Das Wasser aufkochen und den Buchweizen zugedeckt ca. 20 Min. köcheln lassen, bis das Wasser komplett aufgesogen und der Buchweizen gegart ist.

Inzwischen die Papaya schälen, entkernen und in Würfel schneiden. Die Grapefruit sehr großzügig schälen und in Filets teilen, diese nach Belieben noch in Würfel schneiden.

Die Gurke schälen oder gründlich waschen, längs vierteln und quer in Scheiben schneiden. Die Minzeblättchen in einem Sieb abbrausen, trocken tupfen und fein hacken. Den Spinat verlesen, in einem Sieb abbrausen und gut abtropfen lassen.

Die Limette halbieren und mit der Hand über einer Schüsssel auspressen. Sojasauce, Honig, Sesamöl, Salz und Pfeffer hinzufügen und alles gründlich vermischen. Die Gurkenscheiben, Papaya- und Grapefruitwürfel mit der Minze und dem Spinat dazugeben und mit dem Dressing vermischen.

Den gegarten Buchweizen mit Salz und nach Belieben Pfeffer abschmecken und mit dem Papaya-Grapefruit-Salat anrichten.

Gebratene Reisnudeln mit Gemüse und Limette

150 g Reisnudeln, 1 kleine Zwiebel, 3 Mini-Pak-Choi, 1 Handvoll Zuckerschoten (ca. 75 g),
1 kleine frische Knolle Rote Bete, 1 Orange,
1 kleines Stück Ingwer (ca. 1 cm), 1 Handvoll Basilikumblättchen mit zarten Stielen,
2 EL Kokosöl (ersatzweise anderes Pflanzenöl), 1 Limette, 4 EL Sojasauce,
1 TL gemahlener Koriander, 1 Prise gemahlener Kreuzkümmel,
Salz, Pfeffer, 1 EL Cashewkerne (nach Belieben)

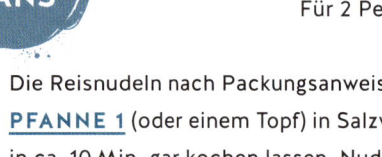

TWO
PANS

Für 2 Personen | 30 Min. Zubereitung

Die Reisnudeln nach Packungsanweisung in **PFANNE 1** (oder einem Topf) in Salzwasser in ca. 10 Min. gar kochen lassen. Nudeln in ein Sieb abgießen und kalt abschrecken.

Die Zwiebel schälen, Mini-Pak-Choi putzen und waschen. Die Zuckerschoten waschen. Alles in feine Streifen schneiden.

Die Rote-Bete-Knolle schälen und ebenfalls in feine Streifen schneiden. Die Orange sehr großzügig schälen und in Filets teilen, diese in Würfel schneiden.

Den Ingwer schälen und fein hacken. Die Basilikumblättchen in einem Sieb abbrausen, trocken tupfen und grob hacken.

Das Kokosöl in **PFANNE 2** (oder einem Wok) erhitzen. Die Zwiebelstreifen darin bei mittlerer bis großer Hitze anbraten.

Pak Choi, Zuckerschoten und Ingwer dazugeben, mitbraten und dabei Farbe annehmen lassen. Die Orangenwürfel und die Rote Bete hinzufügen und kurz miterhitzen.

Die Limette halbieren und mit der Hand über der Pfanne auspressen. Die Sojasauce und die Nudeln dazugeben und 1–2 Min. mitköcheln lassen. Dann das Basilikum, den gemahlenen Koriander und Kreuzkümmel dazugeben und das Gericht vorsichtig mit Salz und Pfeffer abschmecken. Nach Belieben noch mit den Cashewkernen bestreuen.

Rezeptregister

Hier sind neben den Rezept-
namen auch beliebte Zutaten
wie **Aubergine** oder **Quinoa**
alphabetisch eingeordnet und
hervorgehoben. Darunter oder
dahinter findest Du das Rezept
Deiner Wahl. Vegane Rezepte
sind grün gedruckt.

Die Autoren und Fotografen

Iwan Hediger, gelernter Koch, ist seit zehn Jahren in der Gastronomie tätig. Dazwischen lebte er ein Jahr in Australien – die Begeisterung für den fünften Kontinent ist seitdem ungebrochen. Vier Jahre arbeitete er mit Yves Seeholzer in der Küche der badi-lounge in Merlischachen. Einmal ganz »frei Schnauze« kochen zu können empfand er während des Australien-Roadtrips als besonders befreiend. Dazu konnte er sein zweites Steckenpferd, die Fotografie, voll ausleben: Alle Fotos im Buch stammen von ihm.

Yves Seeholzer lebte nach seiner Kochlehre eineinhalb Jahre in Südost-Asien, wo er sich nicht nur in Land und Leute, sondern auch in die Küche verliebte. Noch heute lässt er sich beim Rezepte-Austüfteln gerne und oft asiatisch inspirieren – auch im Campingbus in Australien. Von 2013 bis 2016 betrieb er mit Iwan und seinem Cousin Florian Seeholzer das Restaurant badi-lounge in Merlischachen.
www.zweipfannen.com

Impressum

Syndication: www.seasons.agency
Bildnachweis: Coverfoto unten links: Folio Images/Offset.com; Illustrationen: shutterstock Images UC; alle anderen: Iwan Hediger
Konzept und Projektleitung: Alessandra Redies
Lektorat: Susanne Bodensteiner
Korrektorat: Waltraud Schmidt
Innenlayout, Typografie und Umschlaggestaltung:
kral & kral design, München
Herstellung: Petra Roth
Satz: Knipping Werbung GmbH, Berg am Starnberger See
Reproduktion: Longo AG, Bozen
Druck und Bindung: Firmengruppe APPL, aprinta druck, Wemding
Printed in Germany

Umwelthinweis: Dieses Buch ist auf PEFC-zertifiziertem Papier aus nachhaltiger Waldwirtschaft gedruckt.

1. Auflage 2017
978-3-8338-5883-3

DIE GU-QUALITÄTS-GARANTIE

Wir möchten Ihnen mit den Informationen und Anregungen in diesem Buch das Leben erleichtern und Sie inspirieren, Neues auszuprobieren. Alle Informationen werden von unseren Autoren gewissenhaft erstellt und von unseren Redakteuren sorgfältig ausgewählt und mehrfach geprüft. Deshalb bieten wir Ihnen eine 100%ige Qualitätsgarantie. Sollten wir mit diesem Buch Ihre Erwartungen nicht erfüllen, lassen Sie es uns bitte wissen! Wir tauschen Ihr Buch jederzeit gegen ein gleichwertiges zum gleichen oder ähnlichen Thema um. Wir freuen uns auf Ihre Rückmeldung, auf Lob, Kritik und Anregungen, damit wir für Sie immer besser werden können.

GRÄFE UND UNZER Verlag
Leserservice
Postfach 86 03 13
81630 München
E-Mail:
leserservice@graefe-und-unzer.de

Telefon: 00800 / 72 37 33 33*
Telefax: 00800 / 50 12 05 44*
Mo–Do: 9.00 – 17.00 Uhr
Fr: 9.00 – 16.00 Uhr
(* gebührenfrei in D, A, CH)

Ihr GRÄFE UND UNZER Verlag
Der erste Ratgeberverlag – seit 1722.

GRÄFE UND UNZER

Ein Unternehmen der
GANSKE VERLAGSGRUPPE

 www.facebook.com/gu.verlag